故译新编

许　钧　谢天振　主编

傅雷译作选

傅雷 译

许钧 编

商务印书馆

主编的话

2019 年，是五四运动一百周年。最近一段时间，我们一直在思考与翻译有关的一些问题：在五四运动前后，为什么翻译活动那么活跃？为什么那么多学者、文人重视翻译、从事翻译？为什么围绕翻译，有那么多的争论或者讨论？

五四运动涉及面广，与白话文运动、新文学运动乃至新文化运动之间有着深刻的互动性和内在一致性。考察翻译活动对于五四运动的直接与间接的影响，首先引起我们关注的，是一个"新"字。新文学运动与新文化运动自不必说，"新"是其追求与灵魂。而白话文运动，虽然没有一个明确的"新"字，但相对于文言文，白话文蕴涵的就是一种"新"的生命——语言与文字的崭新统一，为新文体、新表达、新思维的产生拓展了新的可能性。

"新"首先意味着与"旧"的决裂，在这个意义上，五四运动所孕育的启蒙与革命精神体现在语言、文学、文化等各个层面。追求新，有多重途径。推陈出新，是其一，著名的文艺复兴运动具有这样的特征，拿鲁迅的话说，"在意大利文艺复兴的意义，是把古时好的东西复活，将现存坏的东西压倒"。但是，五四运动不能走这条路，鲁迅最反对的就是把旧时代的"孔子礼教"拉出来。此路不通，便只有开辟另一条道路，那就是在与孔孟之道决裂，与旧思想、旧道德决裂的同时，向域外寻求新的东西，寻求新的思想、新的道德。这样一来，翻译便成了必经之路。

如果聚焦五四运动前后的翻译，我们可以发现以下事实：一是翻译受到了前所未有的重视；二是众多学者做起了翻译工作；三是刊物登载的很多是翻译作品；四是西方的各种重要思潮通过翻译涌入了中国。就文学而言，梁启超的"欲新一国之民，不可不先新一国之小说"之思想受到了普遍认同。而要"新"中国之小说，翻译则为先导，其影响深刻而广泛。首先，借助翻译之道，中国的文人与学者有了观念的革新；其次，在不同的文学体裁的内在结构与形式方面，翻译为投身新文学运动的作家提供了可资借鉴的新路径；最后，翻译在为新文学运动注入了具有差异性的外国文学因子的同时，也给新文学运动的积极参与者开拓了进一步认识中国文学传统、反思自身，在借鉴与批判中确立自身的可能性。

一谈到五四运动前后的翻译，我们会想到梁启超、鲁迅、陈望道，还会想到戴望舒、徐志摩、郭沫若……这一个个名字，一想到他们，我们就会感觉到中外文学与文化交流史仿佛拥有了生命，是鲜活的，是涌动的。五四运动前后的这些翻译家就像是一个个重要的精神坐标，闪烁着启蒙之光，引发我们对中华文明的发展与中华民族的伟大复兴作深层次的思考。

创立于维新变法之际的商务印书馆，素有翻译之传统，是译介域外新思潮、新观念、新思想的先行者，一直起着引领的作用。在纪念五四运动一百周年之际，商务印书馆决定有选择地推出五四运动前后翻译家独具个性的"故译"，在新的时期赋予其新的生命、新的价值，于是便有了这套"故译新编"。

"故译新编"，注重翻译的开放与创造精神，收录开风气之先、勇于创造的翻译家之作。

"故译新编"，注重翻译的个性与生命，收录对文学有着独特的理解与阐释、赋予原作以新生命的翻译家之作。

"故译新编"，注重翻译的思想性，收录"敞开自身"，开辟思想解放之路的翻译家之作。

阅读参与创造，翻译成就经典，我们热切地希望，通过读者朋友具有创造性的阅读，先辈翻译家的"故译"，能在新的时期拥有新的生命，绽放新的生命之花。

许钧　谢天振

2019 年 3 月 18 日

编辑说明

1. 本丛书所收篇目多为 20 世纪上半叶刊布，其语言习惯有较明显的时代印痕，且译者自有其文字风格，故不按现行用法、写法及表现手法改动原文。

2. 原书专名（人名、地名、术语等）及译名与今不统一者，亦不作改动；若同一专名在同书、同文内译法不一，则加以统一。如确系笔误、排印舛误、外文拼写错误等，则予径改。

3. 数字、标点符号的用法，在不损害原义的情况下，从现行规范校订。

4. 原书因年代久远而字迹模糊或残缺者，据所缺字数以"□"表示。

5. 编校过程中对前人整理成果多有借鉴，谨表谢意。

目录

贝多芬传 〔法〕罗曼·罗兰

傅雷译作选

英国绘画〔英〕埃里克·牛顿

前言

傅雷，20世纪中国最具影响力的文学翻译家之一。他生于1908年4月7日。58年后的1966年9月3日，他离开我们走了，走得勇敢，走得悲壮，也走得坦荡。

傅雷的一生，专注于文学翻译事业。翻译于他，有着独特的意义。

在黑暗的岁月中，傅雷试图借助翻译，寻找光明。20世纪30年代初，国内正处于"九一八"事变、军阀混战的动荡时期，傅雷有感于当时许多中国人"顾精神平稳由之失却，非溺于激情而懵懵懂懂，即陷于麻痹而无所作为"的状态，陆续翻译了罗曼·罗兰的《贝多芬传》《弥盖朗琪罗传》和《托尔斯泰传》，即《巨人三传》。1934年3月3日，他在致罗曼·罗兰的信中，表达了其翻译的初衷："偶读尊作《贝多芬传》，读罢不禁嚎啕大哭，如受神光烛照，顿获新生之力，自此奇迹般突然振作"；"贝多芬以其庄严之面目、不可摇撼之意志、无穷无竭之勇气，出现于世人面前，实予我辈以莫大启发"；"又得拜读《弥盖朗琪罗传》和《托尔斯泰传》，受益良多"。[1] 鉴于此番经历，傅雷曾发誓翻译此三传，期望能够对身陷苦闷之中的年轻朋友有所助益，帮助他们从中汲取与黑暗社会抗争的勇气和信心。

正是在这种对于光明的渴望与寻求中，傅雷和罗曼·罗兰达成了精神上的契合。他从罗曼·罗兰的"长河小说"《约翰·克利斯朵夫》中，发现了人类得以生存的最基本元素——爱，以及当时中华民族所需要的英雄主义。于是，他投入了更大的热忱，翻译了罗曼·罗兰的这部伟大作品。在译著的卷首部分，附有原作者的《原序》，借此我们可以推测出傅雷将这部"贝多芬式的"大交响乐呈现给中国读者时的意愿："在此大难未已的混乱时代，但愿克利斯朵夫成为一个坚强而忠实的朋友"，"成为一个良伴和向导"，"使大家心中都有一股生与爱的欢乐，使大家不顾一切地去生活，去爱!"[2]从中不难发现，傅雷希望以伟大的人道主义精神激起人们对于世界的爱，对于人生的爱，乃至对于一切美好事物的爱。

傅雷试图借助翻译寻找光明的强烈意愿，在他为重新翻译的《贝多芬传》所撰写的序言中，更加一览无余。1942年3月，傅雷重新翻译出版了《贝多芬传》。他认为，"现在阴霾遮蔽了整个天空，我们比任何时都更需要精神的支持，比任何时都更需要坚忍、奋斗、敢于向神明挑战的大勇主义"[3]。他在《译者序》中写道："唯有真实的苦难，才能驱除浪漫底克的幻想的苦难；唯有看到克服苦难的壮烈的悲剧，才能帮助我们担受残酷的命运；唯有抱着'我不入地狱谁入地狱'的精神，才能挽救一个萎靡而自私的民族：这是我十五年前初次读到本书时所得的教训。"他希望将"所受的恩泽"转赠给比他年轻的一代，以伟人的精神力量拓展人们的精神视野，启迪民心民智，帮助中华民族正视眼前的黑暗，重新振作起来，怀抱大无畏的勇气，为挽救和振兴国家而勇往直前。

在举国惶惶、中华民族面临巨大灾难的危急时刻，傅雷期冀借助翻译，为颓丧的国人点燃希望。他在莫罗阿《人生五大问题》的《译者弁言》中写道："在此风云变幻、举国惶惶之秋，若本书能使颓丧之士蒙藿若干希望，能为战斗英雄添加些少勇气，则译者所费之心力，岂止贩卖智识而已哉?"[4] 此处，我们可以看到，对于傅雷而言，翻译绝不是针对语言技巧的玩弄，也不是有关西方智识的贩卖，更不是赚钱营生的手段，而是点燃人们心头曙光的火种。

当"现实的枷锁"重压着人生、国人在苦恼的深渊中挣扎之时，傅雷则又一次寄希望于翻译，试图借助翻译之力为痛苦的心灵打开通往自由的道路。他选择翻译罗素的《幸福之路》，把它介绍给中国的读者。在《译者弁言》中，傅雷写道："现实的枷锁加在每个人身上，大家都沉在苦恼的深渊里无以自拔；我们既不能鼓励每个人都成为革命家，也不能抑压每个人求生和求幸福的本能，那么如何在现存的重负之下挣扎出一颗自由与健全的心灵，去一尝人生的果实，岂非当前最迫切的问题？"他有感于"人生的暴风雨和自然界的一样多，来时也一样地突兀；有时内心的阴霾和雷电，比外界的更可怕更致命。所以我们多一个向导，便多一重盔甲，多一重保障"[5]。由此可见，他翻译《幸福之路》的目的是非常明确的，那就是希望该书起到精神向导的作用，给彷徨于歧路的国人指一条路，给脆弱的心灵以保护，给禁锢的灵魂以自由。

1949年后，傅雷主要着力于翻译巴尔扎克的小说，这既受主流意识形态的影响，也不乏其自身的主动追求。傅雷翻译巴尔扎克，是希望彼时善恶颠倒、是非不辨、美丑不分的世界，能够从中吸取教训。在《夏倍上校》《奥诺丽纳》《禁治产》的简介中，傅雷曾如是说明："每个中篇如巴尔扎克所有的作品一样，都有善与恶、是与非、美与丑的强烈对比；正人君子与牛鬼蛇神杂然并列，令人读后大有啼笑皆非之感。——唯其如此，我们才体会到《人间喜剧》的深刻的意义。"[6]

傅雷一生，译著宏富，且形神兼备，影响深远。作家叶兆言在《怀念傅雷先生》一文中对于傅雷及其译作有过这样的评论："傅雷的远去意味着一个文学时代的结束，在文化和文明缺失的昨天，他的浩瀚译著曾像沙漠中的绿洲一样，滋润了一代又一代的文学青年。一位法国学者谈到莫扎特，曾说过他的音乐不像自己的生活，更像他的灵魂。莫扎特的生活是不幸的，他的音乐却充满了欢乐。傅雷的译文也不像他的生活，他留下的文字美丽清新，充满了智慧，充满了爱，将永远留在我们的记忆之中。"[7]

回望傅雷的翻译历程，我发现，傅雷是一棵树，一棵常青树。翻译是一种历史的奇遇，是翻译使原作的生命在异域、在异国的文化土壤中得到了延伸与传承。傅雷和罗曼·罗兰，可谓是一段历史的奇缘。如果没有傅雷，罗曼·罗兰在中国或许不可能拥有那么多的知音；正是因为傅雷，《约翰·克利斯朵夫》才在中国这块土地上拥有了新的生命，获得了如同本雅明所言的"来生"；也正是因为傅雷这棵译界的常青树，巴尔扎克、梅里美、罗曼·罗兰等一批法国文学家的文学生命，才得以在中国延续。我还发现，翻译之于傅雷，是思想的迁移与传播、文化的跨越与交流，更是追求真理与光明、播撒自由种子的人生之道。

为了全面展现傅雷一生的翻译之路，揭示翻译之于傅雷的深刻意义与独特价值，在这部小小的《傅雷译作选》中，我首先选择了傅雷翻译的《夏洛外传》。这部书的价值，不仅仅在于该书是傅雷早期翻译的代表作，是傅雷出版的第一部译著，而且是自费出版的，更在于《夏洛外传》中的主人公夏洛对傅雷而言，是"一个现世所仅有的天真未凿、童心犹在的真人"，是"世间最微贱的生物，最高贵的英雄"。[8] 翻译这部书，是傅雷对于真与善的追求。

其次，我选择了傅雷翻译的《贝多芬传》。傅雷翻译这部传记，有两重的动机与理由。一重动机，是之于民族。对此，我在上文中已经论及，不多赘言。另一重动机，是之于个人，傅雷坦陈："疗治我青年时世纪病的是贝多芬，扶植我在人生中的战斗意志的是贝多芬，在我灵智的成长中给我大影响的是贝多芬，多少次的颠扑曾由他挽扶，多少的创伤曾由他抚慰。"[9] 翻译《贝多芬传》，是傅雷的精神追求。

最后，我选择了傅雷翻译的《英国绘画》。《英国绘画》是英国艺术批评家埃里克·牛顿（Eric Newton）的代表作之一，傅雷应英国文化协会约请翻译了该书，由商务印书馆于1946年出版。傅雷之所以应约翻译这部著作，在我看来原因有二：一是傅雷不仅仅是一个文学翻译家，也是一个杰出的文艺批评家，他对黄宾虹、刘海粟的评论具有罕见的深刻性，而《英国绘画》中的许多观点引起了他的共鸣。二是傅雷具有开阔的视野与独到的眼光，他的《世界美术二十讲》就是个明证，而傅雷对《英国绘画》的译介，无疑是其视野的拓展，其探索精神的延续，也是傅雷对于美的追求。

　　作为编者，我在这里还需要向读者朋友作一说明。为了做好选编工作，我给傅敏先生打了电话，谈了我选择的思路与选择的原因，征求他的意见。傅敏是傅雷的次子，他对父亲有异常深刻的理解。傅敏先生对我说："傅雷的翻译是公共的财富，这份财富的价值是多方面的。相信你编选的作品可以帮助更多的读者走近傅雷，走进傅雷的精神世界。"就影响的深刻性、持续性与广泛性而言，傅雷的翻译首推《约翰·克利斯朵夫》，我相信广大读者朋友对这部作品一定很熟悉，也很喜爱。但要了解傅雷的翻译之路及其人生追求，我希望读者朋友能静心地读一读这部小小的《傅雷译作选》所选择的三部作品，去感受一下傅雷是如何把自己的人生追求与独特品格融化在译品之中，如何把自己的精神力量连同着艺术心血，一道化作极富魅力的感人文字，变幻出深刻的人文情怀和永恒的生命力量。

许钧

2019 年 9 月 9 日

注释：

1　傅雷：《人生五大问题》译者弁言，载傅雷著，傅敏编：《傅雷文集·文艺卷》，当代世界出版社，2006年，第462—464页。

2　罗曼·罗兰：《约翰·克利斯朵夫》原序，载《傅雷译文集》第七卷，安徽人民出版社，1983年，第9页。

3　傅雷：《贝多芬传》译者序，见本书第132页。

4　傅雷：《人生五大问题》译者弁言，载傅雷著，傅敏编：《傅雷文集·文艺卷》，当代世界出版社，2006年，第206页。

5　傅雷：《人生五大问题》译者弁言，载傅雷著，傅敏编：《傅雷文集·文艺卷》，当代世界出版社，2006年，第209页。

6　傅雷：《人生五大问题》译者弁言，载傅雷著，傅敏编：《傅雷文集·文艺卷》，当代世界出版社，2006年，第221页。

7　叶兆言：《怀念傅雷先生》，《中国翻译》2008年第4期。

8　傅雷：《夏洛外传》译者序，见本书第012、014页。

9　傅雷：《贝多芬传》译者序，见本书第132—133页。

夏洛外传

〔法〕菲列伯·苏卜

译者序

"夏洛是谁?"恐怕国内所有爱看电影的人中没有几个能回答。

大家都知有卓别麟而不知有夏洛,可是没有夏洛(Chalot),也就没有卓别麟了。

大家都知卓别麟令我们笑,不知卓别麟更使我们哭。大家都知卓别麟是世界上最著名的电影明星之一,而不知他是现代最大艺术家之一。这是中国凡事认不清糟粕与精华(尤其是关于外国的)的通病。

"夏洛是谁?"是卓别麟全部电影作品中的主人翁,是卓别麟幻想出来的人物,是卓别麟自身的影子,是你,是我,是他,是一切弱者的影子。

夏洛是一个无家可归的浪人。在他漂泊的生涯中,除受尽了千古不变的人世的痛苦,如讥嘲、嫉妒、轻薄、侮辱等等以外,更备尝了这资本主义时代所尤其显著的阶级的苦恼。他一生只是在当兵,当水手,当扫垃圾的,当旅馆侍者,在那些"下贱"的职业中轮回。

夏洛是一个现世所仅有的天真未凿、童心犹在的真人。他对于世间的冷嘲、热骂、侮辱,非但是不理,简直是不懂。他彻头彻尾地不了解人类倾轧凌轹的作用，所以他吃了亏也只知拖着笨重的破靴逃；他不识虚荣，故不知所谓胜利的骄傲：其不知抵抗者亦以此。

这微贱的流浪者，见了人——不分阶级地脱帽行礼，他懂得唯有这样才能免受白眼与恶打。

人们虽然待他不好，但夏洛并不憎恨他们，因为他不懂憎恨。他只知爱。

是的，他只知爱：他爱自然，爱动物，爱儿童，爱漂流，爱人类，只要不打他的人他都爱，打过了他的人他还是一样地爱。

因此，夏洛在美洲，在欧洲，在世界上到处博得普遍的同情，一切弱者都认他为唯一的知己与安慰者。

他是憨，傻，蠢，真，——其实这都是真的代名词——因此他一生做了不少又憨又傻又蠢而又真的事！

他饿了，饥饿是他的同伴，他要吃，为了吃不知他挨了几顿恶打。

他饿极的时候，也想发财，如一般的人一样。

也如一般的人一样，他爱女人，因此做下了不少在绅士们认为不雅观的笑话。

他漂泊的生涯中，并非没有遇到有饭吃、有钱使、有女人爱的日子，但他终于舍弃一切，回头去找寻贫穷、饥饿、漂泊。他割弃不了它们。

他是一个孤独者。

夏洛脱一脱帽，做一个告别的姿势，反背着手踏着八字式的步子又望不可知的世界里去了。

他永远在探险。他在举动上、精神上，都没有一刻儿的停滞。

夏洛又是一个大理想家，一直在做梦。

"夏洛是谁?"

夏洛是现代的邓几枭脱 (Don Quichotte)。

夏洛是世间最微贱的生物，最高贵的英雄。

夏洛是卓别麟造出来的，故夏洛的微贱就是卓别麟的微贱，夏洛的伟大也就是卓别麟的伟大。

夏洛一生的事迹已经由法国文人兼新闻记者菲列伯·苏卜 (Philippe Soupault)，以小说的体裁、童话的情趣，写了一部外传，列入巴黎北龙书店 (Librairie Plon, Paris) 的"幻想人物列传"之三。

去年二月二十二日巴黎 *Intransigeant* 夜报载着卓别麟关于夏洛的一段谈话:

"啊，夏洛! 我发狂般爱他。他是我毕生的知己，是我悲哀苦闷的时间中的朋友。一九一九年我上船到美国去的时候，确信在电影事业中是没有发财的机会的；然而夏洛不断地勉励我，而且为我挣了不少财产。我把这可怜的小流浪人，这怯弱、不安、挨饿的生物诞生到世上来的时候，原想由他造成一部悲怆的哲学（philosophie pathetique），造成一个讽刺的、幽默的人物。手杖代表尊严，胡须表示骄傲，而一对破靴是象征世间沉重的烦恼！

"这个人物在我的心中生存着，有时他离我很近，和我在一起，有时却似乎走远了些。"

夏洛在《城市之光》里演了那幕无声的恋爱剧后，又不知在追求些什么新的 Aventure 了。但有一点我敢断言的，就是夏洛的 Aventure 是有限的，而他的生命却是无穷的。他不独为现代人类之友，且亦为未来的、永久的人类之友，既然人间的痛苦是无穷无尽的。

第一章　渊源

　　夏洛到底生在什么地方，谁也不知道。有人说他生在伦敦大雾的那天，也有人说他在明媚的春天生在华沙附近的佃户人家，另外还有许多城市，都要争道是夏洛的故乡以为荣。也许他是在某一个黄昏薄暮中从云端里降下来的吧？

　　夏洛小的辰光，人家把他送到学校里去。但是那个胖胖的老师，拿着可怕的戒尺，却不欢喜他，老是把夏洛当作顽童看待。于是夏洛决计逃走了。他焦灼地等着夜的来临，一待天黑，就把书包望棘林丛里一丢，折着一枝榛树干，径上大道。他回头来看见灯光照耀着的两扇窗子，这是他父母的家。他向它做一个告别的手势，又把他的狗抚摩了一会，就在黑夜里闭着眼睛走了一夜。他从来不敢望黑影里去，因为他怕那在黑暗中神怪的生物。人家常常和他讲起吃孩子的狼、可怕的鸟和残忍的熊……走了几公里之后，他睁大眼睛，只见周围是一片平原，头上是无垠的青天，他举首望见数百万的星星，快活地闪耀着，似乎在歌唱。黑夜么？夏洛从没有见过、闻到与呼吸过，他也从没感到夜和夜的同伴——寒冷之苦。

　　夏洛只顾对着新发现的一切出神。静寂包围着他，使他害怕。他要奔波的世界，似乎显得无穷地大，而且是美妙非凡。他这样地望前走着，一个人走着，自由自在，一些也不害怕，使他感到莫名地喜悦。就在这第一夜，夏洛觉得流浪者的灵魂，在他心头觉醒了。

那时候，天中间挂着一颗雪白的月，有时好像是一个圆圆的大头颅在微笑，有时好像是一头可爱的动物，有时似是一滴大水珠……尽自在苍穹溜，滑。

夏洛暗暗地自许为她的朋友。

月亮，静悄悄地，照例用着她照在大路上的最美最忠实的白光来回答他。她走在夏洛前面，因为夏洛见着黑影还有些害怕，而且还有踢着石子跌跤的危险。

星星们也伴着他。她们仿佛挤着小眼在唱："我们在这里，无数的我们，都是你永久的朋友。"夏洛听着那些许愿，走着，提起着脚尖，唯恐踏破了他的新朋友——月光。

夏洛已不再害怕了。从今以后，夜变成了他的朋友，黑暗里的居民，守着静默，他们都愿做他的忠仆；那些用枝丫做出可怕的姿势的树，在晚上还可以变作强盗，变作野兽或魔鬼的树，却和气地为夏洛引路，请他在疲乏的时光，把头靠在它们的身上。

夏洛躺下来，闭着眼睛，睡熟了。呼呼的风奔腾着，狂啸着，吹着冷风；但经过夏洛身旁的时候，却悄然地飘过去了，唯恐惊醒他的好梦。忠实的月光在床头陪伴着他，做着为一切儿童所亲爱的女护士。

在夏洛好梦正酣的时光，夜渐渐地隐去了。星星一个一个地熄灭，月光也在幽默中不见。

走了长路的夏洛睡得正熟。

忽然，他觉得手上触着一缕暖气，以为是他的狗在舐他的手，不料是一道阳光。夏洛搓着眼，记起他昨夜的逃亡。他望望周围，只见弯弯曲曲的大道在田野中穿过；回头来看见是一个大森林。他睡在森林脚下。

夏洛还从没见过这样美丽的林子。太阳笼罩着它，仿佛替它戴上了一个金色的冠。

这个小流浪人恭敬地走近比他要大十倍的树。树干的阴影中，生满着绿的、蓝的小植物。亮光依着树木围转地照射着，爬上树枝，照在那些生在棘丛里的小花上。

他慢步走近这些神秘的植物，呼吸着从泥土中喷着、树巅上散布着的气味；他蹑着脚步前进，恐怕惊动了林中无边的静寂。

远处，不知是哪种动作在震撼着树巅。每走一步就有一种奇迹发现：有时一只鸟静悄悄地飞过，有时一声怪叫打破沉默的空气，有时一朵红艳的花引起了这小人儿的注意。

疲乏的夏洛给种种神奇怔住了，坐了下来。幽幽的小虫忙忙碌碌不知在赶些什么工作。夏洛俯身看见一群蚂蚁，在一个窟洞周围蠕蠕骚动，有的背负了比它身子还大的东西，别的蚂蚁把它推着，还有别的在另一方面匆匆奔向才发现了的宝贝。

长久长久地，夏洛注视着它们。

他随后采了一颗果子，因为他饿了。他撩开树枝，重新向前走去，他不知道取哪一方面，可是一种微弱的声音在呼唤，也许是一朵小银花在叫他，声音渐渐地高起来，响亮了。

他望前走着，声音似乎渐渐逼近；草变得更青，树也更雄伟了。他不久就看见岩石中涌出一道泉水，在歌唱，一群小鸟都聚在它的周围。

夏洛俯下身去，像喝井水般地喝泉水。他还未见过泉水的飞涌。

他听着，瞧着，种种的奇迹都发现了：泉水中有雨，有风，有光，有微笑，有夜，有月亮，也有太阳，还有鸟语、快乐、惊讶、飞翔、敬礼、温暖与寒冷的交替，总之，世界上一切的反映。

夏洛一心一意地瞧着泉水所呈现的各般色相,他俯身挨近它;有时他举首,端相树林。它依着山坡的起伏,斜斜地展开在他的眼前,它有时变成一片薄雾,有时只见深深的绿色,随后又发出绯红的回光,有时更黝暗下去,变成他脑中的一段回忆。

夏洛在这些幻景中认出春与夏,也认识了秋与冬。

他等着,却并没有人来。他独自一个人在树林中间,时间悠然地遁去。夏洛尽对着流水,看不厌。

他以为流逝了的只有几分钟的时间与几滴水,可是实际上,夏洛在泉水旁边已经好几年了。他稍稍长大了些,但他在林间所见的万般形相,已教了他学校中所没有的智识。

他凄然地离开泉水,因为泉水劝他继续望着前途趱奔。他跨过荆棘,撩开树枝,爬上山坡。路上遇见硕大无比的树木,树尖似乎一直消失在云雾里,鹿儿见了他愕然惊跳远去。他不再害怕了,因为他已认识森林而且爱它。

夏洛登到那威临着周围的田地的山巅,坐下来凝眸瞩望。

远远地,他望见他出发的村庄,他辨出他父母的屋舍,他赶紧旋转头去。

前面铺展着一片平原,那边的城市都变了红的黑的点了；原野中并有温柔的小山岗，有绵绵不绝的大河，就是那泉水的巨流；近处还有白的大道跟踪着他。

极远极远，还有另外一片白的、青的平原，在太阳下闪耀着，仿佛是无穷无极的。那蓝的、动的地方，就是夏洛要去的区处；他站起身向着目的地出发了。

他沿着河，走了好几天，好几夜。疲乏了，或是瞌睡欲眠的时候，就在河滨绿草上躺下。

他想起泉水，河中万千的反映带来了泉水的音讯。这是回忆往事的音乐。鱼们在芦苇中溜来滑去，阳光和水中的小虫在游戏。

夏洛有时被饥饿所苦，但他并不减少勇气。他能和饥饿交战，也能和饥饿的同伴——寒冷抵抗。

他越过一岗又是一岗。

日子一天一天地过去，夏洛老是走着。一个晚上，他听到一声很长的呼啸，接着一阵疾风吹过他的颈项。风过后他口唇上觉得有些咸味。他一直走到夜里，因为他听见不远的地方，有一种单调的巨声。他比往常疲乏得更厉害，因他在迎着风走，而风又是一阵紧一阵地尖利。夏洛再也看不见一些东西，巨声却愈来愈响。他躺在柔软的细沙上面，听着巨响，竟自睡下。这响声几乎要令人怀疑是世界的颠覆；但对

021

于夏洛，却使他想起泉水的声音，一面想着那往事，渐趋和缓的风微微吹拂他，把他催眠着睡熟了。

等到太阳把他的眼睛呼唤开来的时候，夏洛以为是在做梦。他的前面是一望无际的水，他把它比作无穷大的湖。他开始害怕起来，因为波浪像万马奔腾般向他汹涌而来。他慢慢地和这水波的来往熟习了，终于他对着太阳的游戏与色的变化出神。

夏洛从没见过大海。他把眼睛仔细搓揉了一番，坐在金黄的沙上望着。

他看过了拂晓，他去了，因为夏洛应当走，走，老是走，走便是他的志愿。没有一件东西能够把他留住，因为他想在此以外，更远的地方还有什么新事物在等他。

他发现世界。他的青年便是世界的发现。现在他已认识夜、冷、太阳、月亮、森林、天空与云彩、虫、泉水、鸟、河、风与季候，他也认识了海。

他不认识人。他还年轻呢。

夏洛去了。他离开了海滨，沿沙岸走去，穿过田野，攀登山岭。他等着夜，他走着，白天，黑夜。他睡在大自然中。他肚子很饥，他跑起来了。

夏洛已不是一个孩子了，因为他知道怎样和来自各方的敌人斗争。

　　他爱这种斗争。他那样地自由，但他自己却不知道。他自由地动作，言语，他可以歌唱，只要他欢喜。他做他所要做的事情。

　　夏洛是非常年轻。

第二章　城市之焰

　　夏洛又走了很久。有一天，他觉得鼻子下面多了一小簇须。他在一条溪水中对自己照了照，大声地笑了出来。

　　一晚，他决定在睡觉以前，爬上一个大山岗。到了山巅，他望见在山谷的深处，一大块黝暗的东西，成千成万的小星在那里发光。但它们并不像天上的星一样，因为远远地，它们显得是粉红的，或竟是红的。

　　夏洛放开脚步跑去。渐渐地，他辨出一所一所的屋子，窗打开着明晃晃的。他明白这是一座大村庄，成千成万的星就是城市之光。

　　他刚走到几所房子前面，天上忽然下起雨来。他打门，希望像村子里的习惯一般，人家会让他避一避雨。使尽了气力，他敲了好一会，有人来开门了。一个男人喊着：

　　"谁？"

　　"夏洛。"

　　门开了一半。夏洛看见一个大胖子，噘起着须，握着手枪。

　　"走你的路，小伙子。"他吆喝道。

　　"可是天在下雨，我肚子又饥。"

"滚，快快滚，不然我就放枪。"

夏洛向他抗议。胖子对准夏洛的屁股就是一脚，接着关了门。

夏洛只得继续前进，敲了好几家门，老是一样的招待。有时人家把门砰的一声关上，几乎碰折了夏洛的鼻梁；有时人家拿扫帚威吓他。一个妇人甚至叫他"浪人"。

"浪人？浪人？"夏洛反复地自言自语。

争执得疲乏了，他想找一块地方睡觉。他拾起一块硬面包，津津有味地大嚼起来。吃完，他看见一片草地。他紧贴着身，伏在墙脚下，尽量望雨点打不到的地方躺着。他毫不怨忿地睡下了。睡熟之前，又望了一望天空；一颗星也没有，天色也不好看，只是布满着又灰又红的沉闷的颜色。

早上醒来，他前后左右一看，到处只见忙忙碌碌的人。有些太太们手里拿着牛奶瓶，来来往往地跑。先生们全是威严非凡。他们都有一顶圆帽子，不时把它一上一下地掀动着，当他们遇见和他们差不多的先生时。有的还拿着一个棒，在空中舞动。

夏洛张开着嘴。他对着这些人们的威仪，只是惊讶和赞美。

惴惴地，他走出了草地，沿着街道大踏步前进，一面尽

025

是在留神些可以吃的东西。他看见一大堆一大堆的垃圾：破布、穿了洞的靴子，中间藏着几块硬面包头、烂蔬菜，还有罐头食品的空盒子。

夏洛在一堆垃圾旁边坐下，细磨细琢地爬起来。他发现一顶圆帽子，虽然走了样子，他觉得还是华美非凡。望头上一戴，他自以为和刚才看见的先生们一样地威严了。他也拣了一双靴子穿起来，亦很合式。随后他吞了几块硬面包头。

他寻一条小溪，要照一照他的崭新的打扮。他的确看见好几处在阶石下面流着的污水，但无论如何也没法找到半些反光，可以反射出他的容仪。

"算了，"他喃喃地说，"反正我已经很庄严、很美丽了。"于是他开始去瞩望城市。

第一件使他出神的，是一盏路灯。他绕来绕去地看，终于看出还燃着的一线火焰。他记起前夜在山岗上望见的红星。

接着他又看屋子。它们都很高，窗也有好几十扇。有些房子还有阳台。

他望前走着：房子越来越高，路灯越来越大，人们也越来越庄严，越匆忙。他们甚至不打招呼了。

忽然，在街道的转角上，出现了一辆自己会跑的车子。

它没有马拖，没有犬曳，只是发出轧轧的铁器的响声。车子吼了一声。夏洛，吓昏了，用了最高的速度，赶紧望墙上扑，车子擦着他身体奔过去了，车里的人向他吆喝一声：

"猪猡。"

夏洛微笑着向他做了一个亲热的手势。他又看见许多别的汽车。他走近市中心。男人们、女人们格外显得忙乱。

人家一些也不注意他，他可以舒舒服服地观察行人和街上的一切。

他对着店铺仔仔细细地看。橱窗里摆着数不清的东西，一眼看去，总是一件比一件美丽：金啊，银啊。

他把头靠在一扇窗上，望见内面的人在吃东西。他们那般地匆忙，叫夏洛弄不明白。也许这些人都饿透了，像他一样。

夏洛不敢进去。

可是饥饿比他的胆怯更强，他学着一个路人的样，推进门去。他决心事事都模仿这个人，他坐在他对面。他做着同样的手势，说着同样的言语，人家给他端上同样的菜。

人家也给他送上帐单，也和对面的人一样，他摸着衣袋，可是一些东西也摸不出来。

他向伙计说明他的情形，伙计对他直瞪着眼，只答应了一声：

"好。"

接着他嘴里"嘘——"了一声。

那伙计是眉毛很浓、牙床突出、粗野得骇人的大个子。他又"嘘——"了一声。

于是，所有的伙计，穿着黑衣服，套着白围巾的，全来了，把夏洛团团围住。其中两个人抓住夏洛的肩头，最胖而最强的一个就结结实实地送了他一脚。接着别的伙计，举着拳一齐上前。全体的客人都立起来看厮打。

夏洛挨了一阵痛打之后，重新站在街沿上了。那个胖子立在门口喊着：

"让你受一番教训，小家伙。"

夏洛看见这人似乎一直追踪着他，他吓逃了。

他逃到离开饭店很远的地方才停住，他坐下，抚摩着浮肿的四肢。

"为何要恨我啊，这大个子？我怎么惹了他？"

夏洛又看见这厉害的人了，真是太厉害了，又残忍，又凶恶，对他满怀着怨毒。这是他的运命的一个形象：比他厉害的人。

虽然痛楚，但夏洛想想这一个上午，究竟没有白废掉，既然他饱餐了一顿。

他在街上溜达着。他继续去鉴赏那些铺子。但还有别的情景更吸引他。一个警察在街上做着各种手势指挥汽车及别的车辆行走。夏洛走近他，想从旁细地鉴赏一番。最初，警察全没注意到这小人儿。一刻钟之后，他可觉察出来了，以为这对着他尽望的小人在嘲笑他。

"你在这里干吗?"他向夏洛这样地喊，一面把手里的棍子舞动了一下。

夏洛，还没忘记刚才一顿毒打，他想还是不加说明，悄悄地走掉为妙。

他重新在路上闲荡起来。不久，他在一所正在建筑的屋子前面站住了。

一切都值得他赞美。工人们搬运砖头，一块一块地往上垒，涂上水泥。他对着举起重物的机器，和一忽儿上、一忽儿下的升降机出神。

"好职业。"他望着泥水匠想。

他走到一块小方场中，拣了一条凳子坐下，想起森林中的树。他眼前的树显得那样地瘦削、惨淡。几只迷路的鸟飞来停在树枝上，可是也显得可怜相。它们藏在树叶中去了。

男人，女人，走来坐在他旁边，夏洛对着他们微笑。他们向他愤愤地望了一眼，庄严地起身走了。

夏洛耸一耸肩，不明白人们为什么对于他的微笑总以这副恼怒的神气来回答他。

一个娇弱的金发少女，来坐在他的凳上。夏洛从没有看见过这样美的造物，而且和他坐得这样近，更使他有些飘飘然。可是他胆怯，他不敢向她微笑，怕她和别人一样，庄严地走开。但这一回倒是她先向他嫣然，夏洛也不禁报之以微笑。她并不起身，反而对他望着。

她似乎和他一样空闲，一样孤独。夏洛很想和她谈话，但他害怕。

他举一举他的帽子，好似他看见别人做的那模样，她点了一点头。他旋转头去，看见小路的底上，一个警察在舞着棍子踱来踱去。

他走近他们坐的凳子。夏洛觉得有些不放心。警察停住了，瞪了少女一眼，又直望着动也不动的夏洛。

他走开了，又回头来。

少女站起身，也不招呼告别，也不微笑，径自去了。夏洛想起来跟随她，但警察直看着他，带着威吓的神气。

她去了，夏洛仍旧坐着，看小鸟飞来飞去，只是惘然。

长久长久地，他留在方场中的凳子上，希望这样可以不让金发少女的印象消失。他记起她的金黄的头发、温和的微笑、一双烦躁地紧握着的纤手，他又重新看见在小黑皮鞋中的一对天足。但夏洛没有听到她的声音，这使他非常难过。他只得自己在脑中想象。这是洪亮、清脆、热烈的声调，比她的笑容还要温柔的歌。

天黑了。夏洛还离不开这小花园。数小时以来，这花园已成为世界上最美的花园了。几分钟内，他又看到了他运命的第二个形象：一个美丽的金发少女。

夜似乎把男人们、女人们统赶出了这方场。可是许多黑影出现了。这是一对对寻找阴影和静默的男女。

一动不动地，冻僵的夏洛尽望着那些男女。一道月光从云隙里漏出来，正落在一对人儿的身上。夏洛看见两张脸互相偎倚着，两片嘴唇连在一起。他看见这对嘴唇，忽然，他在这对不相识的人中，看见他自己的脸正膏住在金发少女的脸上。他打了一个寒噤。月光重新隐去，夏洛什么也看不见了。

他起身离开了阴影。城市的光焰在呼唤他。他走出方场，看见那些情侣正像瞎子一般走着。

夏洛，走近光明的大街，以为是起了大火。他急急地奔去。光焰本身就在绕圈子。一群一群的人懒懒地拖着脚步，

031

汽车到处奔驰着，射出眩目的光亮。

夏洛照例望一望天。电火之外，他毕竟看见他的朋友——星，像每个晚上一样，向他瞅着眼打招呼。人家把他拥，挤，挤，拥，但他的目光终离不开那些星系。他正看到金发少女，在天空对着他嫣然。

街道是这样地美，和早上的是这样地不同，令他相信他眼底下诞生了一个新的城市。行人显得安闲了，女人也似乎更美，污秽给阴暗吞下了，警察也看不见。

夏洛缓缓地走着。他努力要学这些庄严的人们的模样，因为他要和他们一样，成为"城里人"。

在一家店铺外面的大镜面前，他站住了。他观察他的苍白的脸，上面缀着一小簇黑须。他整一整上衣，紧一紧裤带，又摸了摸领结。但他觉得少了些什么东西。他抖一抖手，一双空空的手。镜子前面，他旁边，一位绅士站住了在端相他的服装。他手里拿着一根杖。

于是夏洛想起要一根手杖：

"我找到了一根手杖的时候，我可以完全像样了。"

第三章　饥与渴

夏洛成为"城里人"了。

他懂得要工作才有饭吃，要说谎才能生活。

泥水匠的工作是他最初就艳羡的，因此他去做泥水匠。但他满想用与众不同的方法来工作。要在一定的钟点上工，不能在路上逗留一会看一看太阳，这使他非常烦闷。

他离开了工场，袋里稍稍有些钱，重新去度他的流浪生涯。但不久饥饿又来提醒他，非回去再受束缚不行。

这样地，他尝试了各种职业去谋生。他做过搬场小工、杂货商、机器匠、点心司务、旅馆茶房、路劫的强盗、角力者、水兵、银行雇员……

虽然他很努力，但他永远不能恪守纪律。他老是想那以前所过的自由生活，他想森林，想泉水，于是他穷得如《圣经》上的郁勃一样。

而且城市似乎也不愿容纳他；贫穷做了他的屏障，淡漠的心情与恶作剧的本领是他的武器，他总站在城市的旋涡之外。夏洛实在是一个怪物。他痴情而又冷淡，胆怯而又勇敢，狡猾而又天真，快乐而又悲哀，是小窃也是老实人……夏洛是一个人。但他更喜欢无牵无挂、无拘无束的独立生活。每逢他猜到自己要被牵系住的时候，总是七手八脚地逃跑。因为他热爱自由，故他永远不愿停留，永远要走。夏洛是一个现代的人，应当是生在一九〇〇年左右的。

流浪了许多时候，被饥饿煎熬得难忍起来。一天，夏洛又决定要选择一种职业了。他踌躇了好久，因为他总是看到每种职业的坏的方面。他很愿意做老板，可是从没有人请他去就这位置。

虽然决定了要谋一种职业，终于什么事情也不愿做。他上街闲荡，望着店铺，希望乘伙计不留意的时候，这里掠一只苹果，那边抓一条香肠，另外再拿一块面包。只要瞥见有何集合，他就赶快跑过去，提着脚尖，热心地瞩望。一天，在一条小路上，他看见许多男人和女人，静悄悄地听一个老头儿演讲。他走近去：老人是一位牧师，正在痛骂酗酒的醉鬼，他在布道。夏洛只是纳闷，但他看见一个可以搬动的竹管子，便转着怎样可以弄到手里的念头。布道完了，牧师请求施舍，竹管在人们手里一个一个传递。大家都投入一些零钱。竹管传到夏洛手中，他抓着，拼命掏自己的袋，什么也掏不出来。布道重新开始了，听众也旋转头去，牧师致谢他们的乐善好施。趁这没人注意的当儿，夏洛把竹管藏在衣襟下面，悄悄地去放在一个偏僻的地方。接着，他又大模大样，若无其事地走回来听牧师演说。牧师唱着赞美诗，旁边一个金发少女和着。夏洛望着她，张开的嘴合不拢来，他也跟着唱，少女看见他胸部微动，向他嫣然。

夏洛开始觉得做了亏心事，忐忑不安起来。歌唱完了，牧师和少女收拾起简单的行袋。但他们找不到竹管。他们寻了好久。

夏洛，一动不动地看他们来来去去地找。他心里很难过。失望的少女，坐在小箱子上哭了，他后悔不该偷了他们募化的钱。少女哭个不停，于是夏洛走近去，用着最可爱的微笑，向她提议由他去寻觅。她抬起头来，用十二分感激的目光望他，他再不迟疑了。他跑去，得意洋洋地把竹管安放在少女的膝盖上。

牧师，感动得含着泪，夏洛的忏悔使他很喜悦，向他伸着手：

"你怎么过活，我的孩子?"

夏洛，愈觉羞涩了，不知道怎么回答。

"喔，"他用十二分圆到的语气说，"我做工。"

"做什么工啊?"

"我现在没有职业。"夏洛说。他并且暗暗地发誓，只要再有人向他提议任何职业，他一定马上接受。

"星期日早上到教堂里来。上天佑助你。"

夏洛行了个最庄严的礼，等金发少女对他嫣然一笑之后，他说一声：

"星期日见。"

他走了。

夏洛发誓要谋一个位置。可是要去寻找啊！他到处望望。没有一个人用得到他。他敲门，问工头。人家把他回了。没有工做。找事情，并不像人们所想象的那么容易。

咦？那里有一个告白。这是警察署。啊，不，什么工作都可以，这个可要不得。他走开了。夏洛重新去钻谋，一些事情也没有。又回头来，再去看那告白：

招募警察

这是不可能的，夏洛不能做警察。警察！他先要把自己吓倒了。

可是他已发誓要找一个位置。这不是一样的职业吗？算了。他试试再说，等到他找到别的……

他走近去。门口的警察用着猜疑的神气望他。夏洛，吓了就逃。但他细细思索了一番。他振起精神，鼓着勇气，走进警察署。

他先受了一番试验，被录用了。现在，他事业成功，很高兴。这倒还是一种清静的职业：一天到晚在街上溜达。夏洛，坐在凳上，穿着漂亮的制服，等着去站岗。

一个受伤了，一个被暴徒打得鲜血直流的警察。立刻，派了别一个去代替。五分钟后，第二个受伤的扛回来了。说是在一个险僻的墙角里，一个暴徒，如土耳其人般地凶狠，要袭击一切经过这地方的警察，他要报仇。第三个受伤了。该死的职业！

这一会轮到夏洛了。

他走到这风声紧急的街上。那个大汉子，如野兽一样地狰狞，看着夏洛大笑。

他要吓一吓夏洛。他骨碌碌地把眼睛转着，紧握着拳头，露出牙齿。他跳上路灯杆，把它扭曲了。显完身手，他很骄傲，得意。可是夏洛比他更狡猾，在背后跃上他的肩头，把他的头揿住在路灯中，开放了煤气龙头。大家伙倒下来了。人们把这中毒的汉子抓去警察署。

这一次冒险使上官们看重夏洛，他的同伴和街上的住户也敬重他了。人家向他行礼，向他微笑，大家都怕他。

不久，一切暴徒都怕夏洛了，城市中重归安谧。他为取悦金发少女起见，把那些坏蛋都送到教堂里去忏悔。

但这个职业缺少意外的奇遇，尤其是夏洛不愿意长此做警察，他寻别的位置。少女已没有以前那样地美丽，牧师的演说也永远是那一套。

因此，夏洛想尝一尝大都市的享乐。那时他已挣了不少钱，他租了一所住宅，星期六晚上他到酒排间去玩。夏洛也不讨厌喝酒，且喝得很不少。有一晚，在早上一点钟回家的时候，他竟烂醉了。

他走进屋子，但辨不出室内的东西。不知怎么，它们成了他的敌人。他走近去，一切东西都走远了，拿在手里，又尽是乱跳。

楼梯也似乎对他生了恶感。夏洛挣扎了数小时以后，说："真是，喝酒不是好事。"

他早上醒来，从窗里一望，只见一座灰色的高墙掩蔽了天。

愤恨之下，他出门去换空气。但那城市，他初来时显得那样地美，此刻却变成悲哀的、沉闷的，老是一副哭丧的神气。

夏洛做了一个鬼脸。

他摸摸衣袋，发现昨晚把所有的钱花完了。得再去工作来吃饭。

吃了饭工作，工作了吃饭……夏洛又做一个鬼脸。

他厌烦够了。

他把漂亮的衣服、高大的礼帽统卖了。用卖来的钱他买了一架提琴，这是他已经想了好久的东西。

于是他急急忙忙地出城。

他急着要再去看树，看草，看云、太阳，拼命地呼吸。

他看到最后几所屋子时，欢喜得跳起来。

街的尽头，躺着无边的大路。

第四章 大自然生活

自由的空气、美丽的星辰、大自然中的生活……夏洛高兴地走着，背着提琴，想他新的幸福，和他重新获得的自由。

他没有忘记大路上醉人的气息，但这种生活的价值，在这重新获得自由的第一天，才完全感觉到，体验到。

他孤独了，很快乐，他用不到谁。他不必再工作，他走着。

几天之后，他带的粮食完了，饥饿开始压榨他的胃。到一个村庄，夏洛拉起提琴来，请求布施。人们给他铜子、面包、蛋。乡下人爱音乐。

好美丽的生活！

傍午，他走到一所村子的广场上，在教堂旁边停下，不再等待了，开始奏提琴。

奏的是一阕很流行的情歌。儿童们走近来，女人，男子。有几个低声哼着歌词。夏洛微笑。再奏一阕更通俗的情歌。

夏洛正奏到那复唱的时候，一阵牛鸣似的吼声把琴音阻断了。

夏洛突然停住，一个号筒吹着，一个大喇叭应和着，号筒再吹着，另一个大号角应答着。

夏洛并不退让，尽力地拉——拉断了一根弦。一秒钟也不能错过。夏洛拿着帽子请求施舍。大家都给他。真是一笔好收入。

夏洛坐着数钱。

号筒、喇叭、号角，终于也噎住了巨声。一个人讨钱。一个铜子也没有。

"你过分了。"有人说。

"过分什么？什么？"讨钱的人回答。

人家告诉他，他不识趣，讨两次钱！不该过度的。

"怎么，这不是第一次？"

人们耸耸肩，微笑。一个向正在数钱的夏洛一指。

"贼。"奏号筒的人喊着，奔向夏洛。

"强盗。"奏喇叭的人喝道。

"强盗。"奏号角的人喊。

夏洛毫不迟疑，捧着胀饱了铜子的帽子就逃。全个乐队在后面追。

夏洛跑得快。他跑入一个小林子里绕圈子，把那些音乐家迷了，歇住不追。

041

夏洛可以休息了。他在林中找一片平坦的地方，躺在草上睡。

他听到怒骂叫喊的声音。

真是永远不得安宁。他轻轻地走近去。

一个少女在游方人的车子附近洗衣服。她的头发在太阳下发出金光，她很吃力地搓衣。不时，还有一个老妇来监视她，只要少女显出疲乏的神气，老妇就打她一巴掌。

可是她很美丽呢，这少女。老妇不在的时候，她向着太阳和小鸟微笑。

好可怜！因为少女回不过气来停住了，老妇就大大地发怒。她打她，打得那么厉害，连老妇自己也累了。她走开了。

夏洛不敢走向少女面前去，他要说她美丽、可怜，但他害怕。他拿起提琴。有时候拉琴比说话容易。

提琴唱：

美丽得像你……

我梦神奇……

我俩同去……

你是多么美丽，

喔，我可爱的金发天使……

提琴唱，少女笑。她还从没听过这样温柔的歌，称颂她美丽。

她幻梦。

一个巴掌把她惊醒了。

这是她听了音乐，不洗衣服的教训。那个打她耳光的大汉就是游方车的主人，老妇的丈夫，洗衣女的"父亲"。他有无上的威权。而且他是最有力的，故他决心要制服那个音乐家，因为他不该扰乱人家工作。

他奔向夏洛。"弄音乐真没运气。"夏洛想。大汉子很凶，幸而他跑得不快。夏洛在小林子里乱跑。他藏起来。大汉，拿着棒，再也找不到他。他明明在夏洛身畔走过，只是看不见。不必踌躇了，夏洛拾起一根粗大的树枝窥伺着。大汉昂着头，还在寻找。等他走近，夏洛就用力地砍了他一棒。他倒下去了，发出一声可怕的怪叫，这声音把还在追寻的几个音乐家招来了。几个喇叭手都蜂拥着扑向夏洛，夏洛只得把他们一个一个砍倒了，方才安静。

夏洛，正想走，觉得有些内疚。如果他放弃那少女，大汉子一定要在她身上复仇。

　　他回到游方人的车子旁边，驾好了马，向洗衣女郎提议和他一同逃走。

　　她答应了。

　　夏洛鞭着马飞奔，车子隆隆地发出巨大的声响。经过小林子的时候，巨声把昏晕的音乐家们唤醒了。他们瞥见了逃亡者，立刻发脚追逐。

　　大汉子，看见自己的财产被盗，跑得比别人更快。夏洛徒然鞭他的马，大汉快赶上了。只有一个方法摆脱这蛮子。夏洛把一个铁棍授给吓呆了的洗衣女郎，说：

　　"用力砍下去，对准着头。"

　　她依着他的话，大汉倒在路上。胜仗啊。夏洛鼓励着马，不久，车子便在追逐者的视线中消失了。再走几公里，便可休息。

　　夏洛一面鞭着马，一面想：大自然生活远没有住在城里时所想象的那么平静。

　　啊，终于发现了美丽的一角，可以歇息了。

　　他把马解下来，它也很应该休息一会了，他走近少女。她真好看，但她有一股特别的气味。她的头发是金黄的，可是很脏。

　　她，洗得那么好的衣服，应该想到洗一洗自己。那里正好有一条小溪。夏洛替少女洗了脸，她只觉得奇怪。

可是得想到吃饭问题了。夏洛去掘番薯，打发少女去拿水。

夏洛回来，剥好番薯，生好火。但少女没有来。"怪了!"夏洛想。

微微有些不安，他出发去寻找。他看见她坐在一块石头上，面前一个画家在画她的肖像。

这可以延迟长久。

但画家的手脚倒不慢。他差不多要完工了。夏洛去看他的画，还不坏。

可是番薯呢?

夏洛提着桶，自己去煮了。

画家重重地谢他的新朋友，因为美丽的小姐帮了他不少的忙，明天有一个展览会，这张画一定可以获得狂热的欢迎。

两方面恭恭敬敬行了礼，画家告别了。

夏洛他们吃完饭，睡了。

明天早上，整理行装，隔夜奔波过度的车子也修理好了，只等起程。但远行之前，夏洛感到有和少女一同散步的需要。他好久好久没有看到花和树。夏洛变得感伤了。他讲了许多美妙的故事给他的同伴听,她快乐得微笑。因为这个提琴家是她的救主,她非常信任他。

午晌,出发了。

然而今天夏洛以为不必着急。他每看到一个风景秀丽的所在便停下。他望望在阳光中欢笑的田畴。他,他也想笑出来。他很幸福了。小鸟们唱着,风和缓地吹拂。

但后面有一辆发着大声的汽车,呜呜地拼命地叫。撞坏了什么啊?夏洛回头去,有人向他做着手势:"停下来!"

汽车紧靠游方车停住,画家在车中下来向夏洛说"早安",一个老妇冲上前来,向着少女。

"就是她。"她喊,她哭了。

"谁留着她的?"

少女望着夏洛。

终于一切都明白了。

老妇,在参观展览会的当儿,认出了她十年前失踪的女儿。由了画家的帮忙,她追到了游方车。她来寻访她的女儿。

"真是太妙了。"夏洛想。

"那么!再见。"他说。他握了同伴的手,向她的母亲和画家行了礼。

汽车驶远了。

夏洛拥抱了一下他的老马，方才上路。

好美丽的大自然生活！

夏洛想起城市。也许他不该离开它的。孤独的生活不见得老是有趣的。

太阳还是一样的太阳。小鸟唱的仍是一样的歌。风吹得不免凄凉。啊！田野！

咦，又是一辆汽车。这种家伙只会制造灰尘，发出巨声。它亦停了。

谁在向他做记号？

少女来找他，因为她永远不愿离开他了。

"真的吗？"

"真的。"

是，真的，但这究竟不同了。

放弃车子、老马……夏洛坐在车厢底里，在两位把他挤到紧紧的太太中间。他什么也看不见，他局促得厉害。少女显得没有以前的美了，太阳与风不再回绕她的头发、眼睛……

此刻，夏洛发现她和她的母亲很相像。

实在，夏洛并不欢喜。他是运命的玩物。他竟永远不能做他所愿意做的事情。一个人得老是和运命、和自己争斗。人家对他太恶了，或是太好了。无论是谁，他总合不拢来。他要什么，愿望什么，他不明白。

第五章　人的生活与狗的生活

夏洛闷够了！他不能在这所美丽而冷峻的屋子中度那种满含着虚伪的好意和隐藏着陷阱的生活。

一个晚上，他离开了凄凉的房屋，也不向谁告别。他放弃了少女、微笑，以及一切现代的享用。他希望……

事情不会老是那样的，他很知道人家决不惋惜他，也许发现了他偷跑之后，会满足地叹一口气。在这些又高又大的屋子中，笑一声会把一切都破坏了的环境里，夏洛是无论如何也住不下去的。

他把人家给他的漂亮的衣服、提琴、金钱都留下。

夏洛上街溜达，一阵阵的醉意。他觉得有些孤独，但也觉得解放了。他可以走他愿意走的地方，他可以停留、奔跑，没有人向他说一句话。

他坐下。一会儿，他打一个寒噤，觉得遗憾。她有时真和善，这少女。她是金发的，很温柔。算了！

在他近旁，坐着一条满身污泥的狗。它也是逃出来的，因为要跑东，跑西，要自由。

夏洛轻轻地抚摩它。

他又向前走，狗跟着他。他们俩都倦了，想瞌睡。

　　幸而夏洛认识一些安静的地方，可以躲避在阴影中刮着的大风。

　　那边有一片广场。

　　夏洛安顿下来。他把头枕在一块石头上，正在入梦。他很可以吃些东西，但他没有铜子。

　　那么改天再说吧。

　　"去。狗，睡去。"

　　但这同伴简直不理。它嗅，它爬地。大大小小的耗子。真讨厌，这狗！闹得人不能安睡。

　　"睡去。"

　　它不理，它尽是爬，爬。

　　夏洛起来打了它一下屁股。这狗，它找到了什么东西？它真不蠢。一只装满了钞票的皮夹。

　　美妙的人生啊。

　　大家先去玩一下吧，夏洛不瞌睡了。

　　到跳舞场去！

　　第一先得喝些东西。

　　可是这些流氓在他周围转来转去干么？

　　他们已嗅到他的皮夹了。

　　这些家伙并没费多少时间就把钞票偷去，他们自以为变了财主，另外开了一个特别房间去开怀畅饮。他们什么都欢迎。

夏洛，蹑手蹑足地走近，等一个贼旋转头去，他便对准了另一个贼的头猛击下去，把他打昏了。接着他把手伸在那打昏了的人的胁下，向他的同伴做手势要求分赃。那贼，已经烂醉了，俯着头数票子，夏洛抓起酒瓶照准了贼头又是一下。

立刻，夏洛抢着皮夹，发令叫他的双腿飞奔，狗跟着，多高兴，尾巴直摇摆不停。

他们俩都有钱了，这晚上。

五分钟以来有了这许多钱，怎么使用？

最好还是去喝酒，可以助助思索。

夏洛走进另一家跳舞场。一个人有了钱，终是要进跳舞场的。

音乐、电光、酒精交错着混成一片，如同晴朗的白昼。人们很长久地等待什么"希望"。种种的梦织成了许多风景。

早上或晚上五点钟，酒排间里胀饱了的烟直冲你的喉咙：就在星光下面打一个瞌睡。可是时间过得真快，一秒钟也不能错过。抽烟吧。

路旁边，人们遇着一个影子，不少影子。十字路口的小贩手插在袋里望。

口唇上，桌子旁，在这迷迷糊糊的跳舞场中，烟卷到处在燃烧。烦闷来了。有人唱，一个新明星唱一支凄凉的老调。夏洛旋过头去。

他走开了。明星也隐灭。他再没有恋爱的勇气与欲念。

白天来了。又是一天。

双手插在袋里，夏洛漫步走着。他是孤独的，也许还是自由的。他不信任自己，提防自己的迷惑、自己的爱情。

冷峭的晨风，慢慢地吹着他前进。他想起长日、长夜，不觉叹一声气。他怕时间。

这个早上，他觉得所有的街道都认识了，看见过同样的云，一切都单调。

他后面，鼻尖向着地，狗慢慢地走着。它好似夏洛的影子。时间照常过去。这一天，已不是夏洛在生活，而是城市本身了。街道，房屋，全是声响与动作，云在天上打转，一忽儿又飘浮到不知哪里去了。

渐渐地，夏洛对于周围的一切变得淡漠。他知道没有一个人想起他，也没有一个人把他当真。

他走了好久。

在华丽的地段，他停下，坐在一条街中的凳上，那里的屋子全像装点了花朵。

一辆巨大的、光辉四射的汽车，在一扇门前停下。车夫走远了，他等得不耐烦，跑去喝东西。

夏洛对着汽车看得出神。忽然一个穷妇人走来开汽车门，把一个襁褓中的婴孩，轻轻地放在车垫上，连奔带跑地逃了。

她才走，又来了几个人，他们装作若无其事的样子端相汽车。其中一个跳进车厢，开足马力飞去，还有一个也同时上车，发现有一个婴孩在坐垫上。汽车重新停下，驾驶人把婴孩放在一个灰堆上。

夏洛走近去看。这弃儿尽力地哭喊。得安慰他才是，夏洛想，他摇他。婴孩不哭了。夏洛重新在灰堆上把他放下，转身走了。

"喂！"

夏洛回首。原来是一个警察在喊他。

"你遗弃你的孩子，羞不羞？"

"不是我的啊。"

"不要多说，薄情的父亲。"

夏洛抗议。警察生气了，什么也不理会。

"好。"夏洛说，他抱起婴孩。

"你看，他的确是你的孩子。"警察固执着喊。

夏洛可不服，但终得安置下这宝贝。

随随便便，他把他放在商店门前小儿车里，母亲正在店中买东西。

"她将看到一个孩子变了一对，那才有趣呢！"

但妇人已经瞥见夏洛，她叫喊，咒骂，喊得把警察又唤回来了。

"还是你，"他说，"你愿意把你的孩子抱去吗？"

没有办法，夏洛抱起"他的"儿子。

现在得去找一个住处，还得去工作，为两个人工作。

夏洛找到了一些小职业。他做了玻璃匠，也做了家长。

孩子长大起来，会走了。他更长大，说话了。为不使他在日中孤独起见，夏洛携着孩子一同去营生。

一年一年地过去。此刻孩子帮他忙了。他拾起石子掷人家的玻璃，窗子破了，他逃。几分钟之后，那玻璃匠"父亲"在这条街上走过，人家叫他去配玻璃。生意一天一天地兴旺起来。不幸，孩子病了。和小孩子一起，真不得安宁。他实在病得厉害。医生决定送他进医院。孩子无论如何也不愿去，夏洛也不答应。医院里的看护不得不拉拉扯扯地把孩子硬拖去。

终于告痊了。小孩子回家来。但是那职业已不行了。有一个警察窥破了玻璃匠及其小伙计的勾当。夏洛只得把铺子收起。要去住宿店了。但夏洛的钱，不够付两个铺位的代价。

偷偷摸摸两个人变了一个人地混过了一夜。

明天，天气很好，可以露宿了。小孩睡得很熟。

夏洛梦着：

"什么都变了。街道充满了喜气，灰色的屋子也显得在微笑……人们轻轻地走着没有声响。他们长着如天使般的翅膀。警察他们也有翅翼，其中有一个走近来拍他的肩。"

他醒来，他又睡了……

翌朝，夏洛睁眼一望，孩子失踪了。他大大地出惊，到处寻。终于寻不到。他到警察署去，他们把失踪的原委给他解释了：

遗弃这孩子的母亲有了钱，忏悔她过去的行为，决心要找回孩子。她出了几百镑的赏格。毕竟被侦探们寻获。

夏洛去了。

"修玻璃……配玻璃！……"

他重新干他的职业，走他的路，过他的生活。晚上，每个晚上，他去睡在"他的"空场上。

　　孩子吵着要他的"父亲"，警察把夏洛领到孩子家里。

　　夏洛很快乐，也很悲哀。他慢慢地为孩子解释，说这一切都很美丽，但是对于夏洛，却是一个梦。还是早早觉醒为妙。

　　"再见，我的小乖乖……"

　　夏洛向他伸着手，动身了。

　　"修玻璃……配玻璃！……"

第六章　回声

在住了几天或几月的城中，人家便讲起他。有人不安，有人笑。有的要驱逐浪人，有的只是看轻他就算了，大部分都觉得他是无伤无害而很可发笑的，有几个人也爱他。一晚，夜色将临的时候，夏洛坐在一家酒排间前面。不久，黑夜包围着他，他消失了。在打开的窗子里，透出几句对话一直灌到夏洛的耳朵里。

"他从哪里来?"

"不知道。没有人能够给我丝毫消息。"人家问他，他只是做一个模糊的手势，张着手臂，指东，指西。

"他是谁?"

"一个浪人。"

"一个贼。"

"一个可怜虫。"

"一个混蛋。"

"一个孩子。"

"一个善于谋生的人。"

"一个阴险之徒。"

"一个神通广大的巫术师。"

"他同时是这些人物，而且还是别的人物。"

"什么别的?"

"一个好汉。"

"一个疯子。"

"一个朋友。"

"一个胆怯者。"

"他叫什么名字?"

"夏洛。"

"夏利。"

"卡利多。"

"卡尔卿。"

"他愿望什么?"

"什么也不愿望。"

"生。"

"爱。"

"……还有?"

"没有。"

"生。"

"爱。"

夏洛微笑。他想回答这些问题；但他想满足他自己的好奇心也是徒然。

人家现在辩论起来了。

"我有一天看见他。他对着云讲话，云膨胀起来，形成巨大的宫殿，接着又变成巨大的脸相，拼命地笑。"

"我有一夜看见他，别一个人说，不，实在我认出他的影子在东倒西歪。他很可能是醉了。他一个人打拳。他永远打胜。但他一发现我，就吓逃了。"

"几天以前，我看见他和孩子们在草地上玩，在教堂后面。孩童都学他样。他教他们行像他一样行的礼，教他们拿棍子在空中旋转，双足分开着在脚尖上走路……我走去，他教孩子们微笑。"

"我，"第四个人说，"我听见他和一条狗谈话。他对它叙述他的旅行。他描写硕大无朋的邮船，他背出世界上最大的商埠底名字。狗汪汪地叫，尾巴摇。"

只听见喁喁的声音了。在灯的周围，大家都俯着头。一片静寂。不安进入了他们的灵魂。他们一些也不明白夏洛，因为每个人看到的样子都各各不同，但大家都在他的影子中、他们的影子中辨认出来。他们可怜他，却又怕他。他们怕夏洛好比他们怕真理一般。

这晚以后，夏洛觉得更孤独了。在大众与他之间，云雾渐渐地浓厚起来。可以说字眼失掉了它的形、它的式，从此没有一种言语可以表现一种谅解。

夏洛留神注意。男人、女人都在察看他。只有动物爱他了。

生命横在他前面，好像一条河；他后面，是他的过去，像一条湖；极远处，是他的未来，像海洋，像一种神秘。现在在两条河岸中间流，青葱的或是荒确的，微笑的或是阴晦的。

哦，这是人类，这是城市，表面，云彩，夏洛。

他梦。

他对着消灭在他脚下的巨浪的颜色冥想。他想起夜与静。

有时他觉得世界广大，有时他遇见了一条不认识的路而失望。

他梦。是他的侧影在他眼前映过。他先是笑，因为这是大家所知道的，他是世界上最快乐的人……按着他的记忆又背出古老的往事，许多鬼脸、饥饿、失望、颓丧。他记起他的生命还只开始，他还得向着看不见的运命走去，回来，出发，教他老是在一个圆圈中绕来绕去，他觉得厌倦。他怕永远不能变易，而老是继续走那单调的路。他不怕微笑，既然显得快乐是必要的，既然他的命运逼着他要成为怪物，但是他对于这些重新开始的事物，腻够了。

可是他仍旧走远去，走，永远走。

第七章　世界最大的城

　　夏洛，一个晴明的早上，到一所小村庄，在山中很远的地方。所有的居民都放弃了他们的屋子。他们把最贵重的东西放在一只口袋里，其余的都卖掉。以后，他们走了，向着西方。

　　夏洛跟着他们。

　　一天又一天，他们走。末了到一个大城市。他们穿过市街，到口岸上停住。那边有人指点他们埠头。一只大船，高得像屋子一样，全新的，巍峨的，在等候乘客。那些移民很高兴。"多么美丽的船。"他们想。

　　满着希望，他们走上船梯。大家都笑。有人指示他们较远的地方，横渡大西洋邮船里阴暗的一角。

　　有人来招待了。一个船员指点他们位置，接着把他们关起。一会儿大家都昏闷。几点钟过了，移民的希望减少了些。

　　船似乎骚动起来。听见铃声、警笛声，末了是呜呜的一声汽笛。

　　船动了。

　　启碇了。

终于有人把舱门打开。

移民们可以最后一次看一看他们生长的大陆。

欧罗巴渐渐远去。

女人们哭起来。

"其实什么都没有。"夏洛想。

他，他去参观全船。他去看底舱、厨房、机器。他望海。他钓鱼。一阵铃声，大家从没听见过，但全知道是叫他们聚餐。肚子都饿了。门前拥拥挤挤一大堆。汤很不好，而且再是叮嘱也是无用的。

夏洛，吃完饭，去甲板上散步。有的人在掷骰子。其余比较正经的人在斗纸牌。

好奇地，夏洛走近去。一忽儿，胆大起来，也拿少许钱去试博。他赢了。同玩的人显得不大高兴。人家斜着眼监视他。但夏洛不作声。

此刻他面前堆着许多钞票。别人一些零钱也没有了。他们走了，愤愤地。

高高兴兴地，夏洛在甲板上散步。他望着旅伴。许多人觉得时间慢，他们有永远不会到达的印象。

一个可怜的老妇躺在地板上睡着。她很老了。不时，一个少女来望她。她看见她睡熟，恐怕惊醒她，提着脚尖走了。夏洛学她样，跟她走。她很美，这少女。夏洛向她微笑，少女微微地惊诧，不安，回答了他的微笑。

可是瞧那些赌鬼，发疯般走来走去。他们忘不了输的钱。看到夏洛，他们咬紧牙齿。夏洛，坐在一隅，望他们。他想着他的胜利得意。黄昏的时候，他看到他们审东审西。在暗处，夏洛直望着他们。突然，他看见他们摸老妇的衣袋，找到了她的钱就拿。

"捉贼。"夏洛喊。

没有人听见。太晚了。赌鬼们、贼，在船上各处找夏洛。他们还要赌，以便"翻身"。

夏洛接受了。他赌，他赢了。

一个赌鬼，小家伙，那个偷老妇银钱的，大大地发怒。他把一切都捣坏了，纸牌丢在海里。

夏洛，袋里胀饱了钞票，看他做。他老老实实地觉得开心。

但他听见哭声。他走近去，在月光下面，他看见老妇在哭。她发现在睡觉的时候，人家偷了她的钱。少女也哭。她想安慰她的老母，但是徒然。

夏洛走近去，装着淡漠的神气，把他赢得的钞票，偷偷地放了几张在老妇的袋里。他又想了想。他要至少给她一半。于是他重新拿起钞票数。他分成两份。一半留着，一半塞在老妇的袋里。

但这时候，有人扑向他。船长看见他在老妇的袋里摸。人家当他是贼。

少女解释了他的行为："并非他偷的。"

她又把那宗礼物送还夏洛。夏洛尊严地拒绝了。她坚持。夏洛仍是拒绝。于是她谢他，并且深深地微笑。

铃响了。这是晚餐。有几个人不去吃饭。风开始呼啸，海里满是浪。船一面走，一面颠。大家的心都在荡来荡去。

小船此刻被风浪猛力地震撼。移民们没有水手的脚力，一个一个离开了餐桌，病了。他们可怕地打呃，他们喊起死来。

在最后几个人中，夏洛离开餐桌。病人的榜样会传染的。

长久的受苦之后，海上重复平静，大家的心也重新安定了。

不久看见海岸。

纽约。自由神的像。爬天的大屋……

纽约。金洋，财富……

移民们微笑。阳光正射在大屋子的论千论万的玻璃窗上。大家站在舱面上，张开着嘴，看世界上最大的城市。

自由神像的影子投射到船上。移民们背着包裹，绳子连着，拥拥挤挤，不耐烦地等着把脚落到地上去。

到岸的时候，有人来查验他们，问他们，考察他们，仿佛他们是贼或罪犯。

夏洛很愿意跟随少女和她的母亲，但她们比他先受查验，眼看她们远了，在城市中消灭了，永远消灭了，也许。

最初的惊奇过去了，钱差不多用完了，夏洛找工作。人家不要他。他太小，或太憨，或太弱。

钱慢慢地流去，比人家所想的更快。毕竟有一天他会富有……无疑的，就是明天。但是，今天袋里没有一块金洋，但他永远希望着。

饥饿，老是它（它在世界上到处都一样的）。开始使他受苦。他找一片面包，随便什么。本来，纽约的饭店那么多。一个晚上，它们中间一个引起他注意了。这是小得什么也没有的饭店，不奢华，但很舒服，吃得很好。气眼里透出一阵阵的烟，夹着肉香和番薯的味道。

夏洛去绕了一个圈子。随后他又回过来，隔着玻璃窗张望。顾客们尽量地吃着。啊！有福气的人！一个念头。只要进去，吃，以后再说。第一先要吃。他推门。

这个饭店里的人真是和气。忽然，"嘘——"的一声，伙计们都弯着手臂往一个顾客身上送。一个顶凶的大个子，像醉鬼一样地打那可怜的家伙。夏洛问："他做了什么啊？"店主回答道："这个人吃了东西，没有钱付账。今天已经是第二个了。一不过二，二不过三。但是第三个一定不会让他活着出去的了！"

很有礼貌地，夏洛谢谢他告诉他这故事，行过礼，走了。

何等美丽的城市，纽约！

夏洛夜里走着。他在街上跑，看看房子。但是街上、屋上，什么也没有可吃的。

纽约。世界上最大的城，大，大得人家逃不了。

不由自主地，夏洛拖着脚步走回来，他重新走过那小饭店，他坐在门口，因为他觉得累了。一辆街车停下，坐车的人在付钱的时候，落下一枚钱币，毫无声响地滚到阶石下面。夏洛的眼睛一直没有离开。街车开走，那个人进到一所屋子里，只剩下那枚钱。蹑着脚步，夏洛走近去抓起来，仔仔细细看了一回，突然一跳便进了饭店。他叫一客饭，正是那大个子来招呼他。

他看那矮小的食堂，摆满着桌子，上面铺着一块红一块白的桌布。顾客们，匆匆忙忙地，吃得快极了。人家给他端来一块小面包、小豌豆、一小块肉、一小杯牛奶咖啡。夏洛慢慢地吃。不时他摸一下袋里的那枚钱。忽然，喔！可怕，它不见了。他赶快地掏：袋底有一个洞。

他望地下，它在那里发光。他俯下头去，可是那大个子粗暴地授给他账单。"一分钟，对不起，我还没吃完。"大个子伙计一脚踏住了钱，使他没有法子拾。

终于伙计走了，但是一个邻近的座客抢着先拾了那枚金洋，高高兴兴地授给伙计算账。但那伙计不大放心地把那金洋咬了一下，这是铅的。

"真运气，"夏洛想，"不然我该倒霉了……"

此刻怎么付钱呢？夏洛已经在抚摩着不久就要吃那厉害的拳头的肋骨。他望望门口。假使他能够不被人看见跨出门槛。他轻轻地站起。可是刚走了两步，大个子便抢前把账单塞在他怀里。

还好，一个少女走进来，一个他立刻认识的少女，和他同船的。于是，恭恭敬敬地请她到他桌子前来坐下。威严地，他又叫了一客饭请他的同伴。

她一面吃，一面诉说她的不幸的遭遇。老母死了，她没有一个钱。谁也不肯给她工作。她不认识一个人。纽约是这般大。

她进到饭店里来，想要求饭店里收她做侍女，是这样地碰见了夏洛。她的同伴和气地望着她。他望着她的微笑、头发、手，忘记了等一会将要临到的苦难。大个子在他们旁边打转。他把两张账单一起端上，那个手势分明是说："喂，你们来得够久了，也可以把位置让给别的客人了。"

"让我们清静些吧，"夏洛想，"……难道人们不能在纽约快乐么?"

为不让大个子多唠叨，他又叫了第三客饭。既然始终免不了那一场，还是尽量地吃了再说。人家也不见得为了三客饭比一客饭打得更凶的。

离他们不远。坐下一位胖先生，长满着胡子，露着笑容。他很讨人欢喜，只是有些过分亲狎。他不停地看夏洛和他的同伴。

他向他们微笑。

夏洛也回敬他一个微笑。于是胖先生走近来搭讪了。

"好天气!"

他轮流地望他们。这胖子干什么啊?

不会厌倦的大个子又送账单来了。愈来愈可爱的胖先生客气着要代付。但是，很尊严地，夏洛谢绝了。那先生也不再客气。好不幸啊，夏洛想。他太有规矩了！

大个子把找还胖先生的零钱拿来，又把账单递给夏洛。他装作没有看见；趁大个子旋转背去的时候，把他的账单偷偷地放在胖先生留下大数小账的盆子里，接着喊伙计：

"留着那钱吧。"他说。

夏洛叹一口气。他逃过了，好险！

"喂，"邻客说，"我是画家。我找不到某幅画的模特儿。你们愿意不愿意来当这个差使？我给你们每人两块金洋一天。行吗？"

夏洛，永远很尊严的样子，踌躇了一下。他答道：

"行。"

"好啊！"画家喊道，"瞧，这是我的住址。"

夏洛和他的朋友行过礼，走了。

"明天见。"

这差不多是交了财运。

夏洛领着他的朋友。啊！纽约！好美丽的城！外面正下着大雨。

他们将到哪里去呢？

胖先生，那画家，从饭店里出来。夏洛，灵机一动，冲上去就说：

"你可以让我们稍稍预支一些钱吗?"

"很乐意。"

他授给他们一张十块钱的钞票。

夏洛挽着他的女朋友的手臂，在雨点下跑，找宿店去。

忽然他看见结婚注册处。他们俩一齐奔进去。两个人的时候，事情又不同了。

虽然下雨，刮风，孤独，空中却有歌声在回转。

纽约。

"以后，"夏洛想使他同伴完全定心，所以说，"应该积蓄一些。"

第八章　纽约

夏洛总是太弱。一天，他孤独了。人家离开了他！于是他开始瞩视四周。第一是高大的警察。他是认识他的。他在各个十字街头，在世界上各个城市里都看见他。

夏洛走出他住的那一区。他隐没在他初到时看见的高屋子的影子中，大房子下面拥着一大堆急急忙忙的群众把他挤，把他窒塞。

他跟随他们。走得很快，愈走愈快。一长串汽车望着同一方向趱奔，停下，呜呜地大叫。慢慢地夏洛大胆起来：他望他的周围。头昏目眩。

虽然有些昏迷，他仍旧继续走他的路。黄昏降临了，一切都发光。多少的字句红得像火焰一般，巨大的字母在黑夜里飞来飞去。群众愈走愈快：他们发喘了。一阵强烈的味道，橡皮、灰尘、纸张、汽油，合成一片云雾。

夏洛想喊救命。但是他身旁的人领他到光亮中去。

充满着火焰声音气味与动作的时间在漩涡中流逝。

低着头，夏洛回到他的已被黑夜包围了的市区。他重新看见，好似在梦中一样，大道与小街像光亮的湖般在流，在闪耀着几千万的小眼睛的高屋下面。他觉得他没有隶属于这个城，他站在群众以外。也许他会给城市吞下，沉没，迷失，迷失。

他等待一个记号，但他很知道没有人会举手。这个国里，人家把墙头愈造愈高，也没有时间望别处，没有一个人有一些闲空。

为夏洛忘记它的过去与现在而一下子发现的宇宙，他也并非不知道可以把它和其余的世界相比——那些缩小的图像。

为避免碰壁起见，他应当变成如其余的人一样：大海里的一滴水。他想起一切嘲弄他的人，还有那些回头看着他发笑——因为他和他们不同——的人。他并没什么梦想。他永不能像他们。他老是爱闲荡，去张望，听，笑，无论是什么时候，无论在什么地方，只要他愿意。

"纽约，"他再三地说，"纽约。"在他心里，有人回答他："夏洛，夏洛。"

他睡去了。

太阳已经起来了好久，当他醒来的时候，他的邻人都上工去了。他们各有所事，夏洛却躺在床上，想别的事情。他羡慕在机器或办公桌前面劳作的人。他觉得自己比那些为了一些小的野心而活动，但的确在活动的人似乎更低下。可是他无论如何不能克制自己去站在他们的行列内。他相信他们是对的，但他觉得自己去学他们是错的。

他沉浸在这种战败者的梦中，使他明白他并没这个城里的居民的身份。有时他觉得太大了，有时太小。要保持一种身份的不可能，和必得迷失在群众之间的思念令他苦闷。

从南到北满城里乱跑的快感又抓住了他。他无论如何要活动，工作，计算，提议，但是回忆控制了他。他忘不掉小城中的钟声相应，鸡犬相闻，太阳照在每扇窗上，儿童们微笑着。

在纽约是分辨不出任何声响的，侧耳一听，只是像一般的吼声。夏洛走出他的第十七层的小房间，他找一株树。他找不到，于是他想起森林，想起被雨水压低、闪耀着水光的树叶。

他寻找……纽约，光的森林，电车在中间咽啾，多得像蚂蚁般的汽车来来去去，不休息，也不停止。只有走，夏洛想，但他很知道他是被世界最大的城底巨大的、有吸力的心在牵引，挽留，同时又在推拒。他不明白它的力，他觉到它的又温柔又可怕的力在跳动，像海一样有力，像潮的絮语般温和。他为了纽约痛苦，因为他又是爱它，又是恨它，仿佛一切参加这日夜不息的大戏剧的人一样。

在他路上遇见的每个人的眼中，夏洛观察到同样的悲怆、同样的狂热。他不像他们中间的任何人，然而他知道这是弟兄们。

　　有一天他会逃走的，可是他永远不能忘记这城，因为应该追念伟大、力量、丑恶，还有残暴。

第九章　战争

像美国所有的人一样，夏洛应当去投军。而且一切稍微爱他的人、他爱的人，都死了。他和同伴们一齐起程。

他到了战场。无数的营帐。一个可怕的副官，胖胖的，高大非凡，老是在发怒。他们先学步。夏洛很得意，十二分地得意，但那副官觉得他的脚摆得太往外斜了。

"摆进去！"

"是，"夏洛答道，"我把它们摆进去。"

但他过分要好了，他提着脚尖走。

"摆出来！"

"是。"夏洛说，于是他自然地走着，照他本来的样子，脚尖斜在外面。夏洛走得好些了，副官也不再说什么，夏洛微笑。

可是他觉得奇怪不再被胖子斥骂，他回头，一个人也没有了。他没听见"小转弯"的口令。赶紧跑去追上队伍，还好没有人看见。操练完毕了。

"呃——呵。"夏洛叹一口气。

他倒在床上，摘下他的大帽子，想着战场上的生活，一条狗样的生活。他幻想前线。咦，就是壕沟与地道了。这么多的烂泥！大雨像瀑布般倒下来。

总得去。

夏洛有了锅底式的小钢帽、枪，还有一只大袋，像所有的袋一样，真是重得要命，而且是越来越重。他寻路。

路旁一块牌子指示着往百老汇路去的方向。

真是寻开心！同伴们在向他做手势，指点他睡觉的床位。

他低着头追去，但他忘记了背着的长枪，梗住了阻止他不得前进。

同伴都睡了。

他也倒在床上，睡熟了。

外面下着大雨。壕沟里全积了水。洪水来了。水流进他们的地室，很快地涨高。睡着的人疲倦得什么也不觉得。

水完完全全淹没了酣睡的夏洛。他醒来。但他瞌睡得厉害，为免得水淹没了鼻孔，他抢一个留声机上的喇叭套在脸上。重新睡下，又睡熟了。

有人推醒他，轮到他守望了。

他来来去去地踱，闷透。战争全不像人家所说的那样可怕，只是走和等。

夏洛烦闷。他掏出一支烟，但他没有火柴，究竟不能惊醒同伴去问他们要火。幸而有不少流弹一刻不停地在壕沟上面飞过，稍稍用一些技巧，他就教流弹在纸烟头上燃着了。

可是夏洛真闷得慌！

他从壕沟的洞里望去。他看见敌人就在他前面。他放一枪。死了一个。用一块铅粉他在木板上划一下记起来。二个……三个……四个……不，不打这个，他还枪了……这一次确确实实打死了。五个……六个……但是雨啊。应该停止射击去避一避雨。

终于信来了。好运气！分发信件。连小小的邮片都没有夏洛的份。没有运气！人家忘掉我了，夏洛想。

那边有一个家伙露着很快乐的神气。他正在读一封长信。夏洛瞥了一眼。真有趣，这封信。稍稍用一些想象，夏洛可以相信这封信是写给他的。信里讲起乡间，讲起快要生小牛的母牛，讲起爬上屋檐的花，也说到刚死的铁匠，可怜的人。

但同伴觉察了夏洛在偷看。夏洛微笑。同伴却全不以为这是好玩的，走开了！

啊！战争。

还在下雨。

可以做些什么事呢？只有无聊。一个军官来了，征求义勇队。终于要干些什么事情了。但是愿意接受这个差使的人太多了。

"很危险的。"军官说。

大家都反悔了。

于是不得不用拈阄的方法挑选，夏洛被挑中了。他微微有些烦恼。志愿的，可并不是他的志愿。人家对他讲明白了怎样干。

他懂了。

他化装成一株树，在拂晓时候，到了敌军的阵地。他察看风景。一切很静寂。他等了好几点钟，终于有一个小队出现了。敌军慢慢地走近。他们在他们当作一棵树的不远的地方安顿下来。他们准备煮饭。一个人，拿着一把斧，被派去寻木柴。他前后左右一望，看中了"夏洛树"。

他毫不迟疑，脱下上衣，预备砍那树干。夏洛退了几步。敌人奇怪起来。他再走近去，夏洛又退了几步。这一次，他看出有些靠不住的事情来了。他想喊救命，但夏洛马上猛力地砍了他一下。

那个人喊了一声倒下去了。他的同伴们来救护他，并各处寻找敌人，只是徒然。

但夏洛想还是逃走为妙。虽然他化装得如何像真，他们终于要看出破绽的。

发疯般的敌人们拔脚就追那树。

他们快要追上了，因为夏洛被他的装饰阻碍着，不得跑快。幸而，他逃入了一个森林，站着不动。没有法子找出他。夏洛是几千株树中的一株树。他不动，也不喘气。

敌人们寻着，寻着。他们在他面前走过而认不出他。他们走得这样近，近得给夏洛一个一个地砍死。

他安安宁宁卸下服装，走到一个他望见的村子的场上。这里他可以从和敌人作对的居民那里探听些消息。

他走进一所屋子，上楼梯，踏进一个房间。一张床。他刚看到一张床！他舒舒服服地睡下了。他几世纪以来没有睡过床。他闭上眼睛睡熟，毫不想起他临到的危险，因为房间里的墙给炮弹毁去了，大家可以在外面望见他。敌军将很快地认出他的军服。

他睡着，也许在做梦，因为睁开眼睛，他看见一个女人在他前面，坐在床脚下。一个女人，一个金发的……她触着他的手，因为他砍敌人的时候把自己弄伤了。她觉察到他已经睡醒，把手放下了。夏洛装着再睡。她明白这意思，笑了。于是他完完全全醒过来了。他微笑。

这真是太美了。敌人们已经瞧见了他。要逃啊。不可能。一架机关枪对准着，夏洛被押走了。

他被解到一个军官前面审问。军官接待他，而且为表示欢迎起见，先送了他好几记耳光、好几只火腿。"美妙的东道主。"夏洛想。

人家让他和军官一个人留着。他计上心来，把军官先行打倒，剥下衣服，推进壁橱去。急急忙忙，他穿起他的衣服。一下子夏洛变了军官。他出去发令。他要避免开口，谁向他说话，就赏谁几下巴掌。

"大佐在发脾气。"兵士们低着头想。

夏洛正在寻找一辆汽车。

"一个俘虏!"

这是他的同伴。快乐得了不得，他走过去拥抱他，但一想这个不妥当，就不去握他的手而送了他一大脚。

俘虏心里明白，兵士们却佩服他们大佐的勇敢。

来了一辆汽车，停在屋子前面。全体兵士都举枪致敬，他们似乎很胆怯。

夏洛认出是敌军的总司令。该死。

可是当那许多将军前呼后拥围护着的总司令，在检阅军队的时候，夏洛放了他的同伴，打倒了汽车夫，两个人穿着汽车夫的服装坐在车厢里。

总司令和将军们很忙，跳上汽车。

他发了一个命令。汽车发动了，每小时一百公里的速度。

"还要快。"

已经是前线了。

"向前。还要快。"

开足马力穿过了敌军阵线，正好到了夏洛那一个部队的防地。

总司令做俘虏了。

夏洛给大家扛着祝贺凯旋。但是突然人家把他丢在地下。他醒了。

副官喊道：

"站起，懒虫，上操去。"

夏洛赶走了他的美梦。开步——走，一，二，一，二，一，二。

第十章　镜

夏洛从此认识了他的命运。

孤独是一个忠实的伙伴。应该要和它相熟。时间走得快或慢，都是因日子及钟点而不同。孤零零地，一个人。没有什么抱憾。

人们，一般人所称为同类及弟兄的人们老是很强，他们自己也知道，就滥用他们的强力。他们寻找弱者以便统治，使他们顺从。他们爱傻子，可以给他们取笑。夏洛正是弱而傻。只有低头。一种愿望、一种强烈的爱情掀动夏洛，催促他，逼迫他逃遁这羁绊。他爱自由。

他宁愿孤独而自由。

他望绕着他身子转的影子。它逃不掉。它在骚乱。它是他的痛苦中的灵魂。

他去了，这个在光亮中浮动的哑子陪着他。他不找什么，但他尽是走，向着冒险的方面，准备接受一种新的生活，充满着爱情、光荣、金钱，看他的时间而定。他很明白要保留这些，必得付很高的代价。但他还可以，如果他愿意，放弃一切，重新走他的大路，在那里没有人难为他。

他已经认识这许多东西。他并不失望，因为他永远希望；但当生命向他提议一种新的冒险时，他已经猜到这个冒险不过是一段枝节的故事，不论哪一天，他还是要拒绝它而逃避。还是。已经。

夏洛先决定只做一个浪人，以后他懂得做浪人很应该自夸了。

他向他周围的一切请教，流水、行云、风、光。大家都劝他不要留着不动；于是有人或事物请他停留的时候，他总不听。

从此他相信世界为他而转动，把他牵引到它的途程中去。他再没有国家、出身、回忆。他是宇宙的居民。

然而，当整个世界似乎睡熟的时候，慢慢地，夏洛醒了。一滴月光使迷失在城中的一条小湖发亮。他俯近亮光，他看见他的影像反映出来。

他的目光、他的线条、他的影子在这面镜子中颤抖。夏洛不由自主地想起他自己。

也许有一天他会知道他诞生的秘密和他生命的意义。他还想认识他的运命。他俯近这反映的形象，但他只看见睁开的眼睛望着，向自己望着。夏洛不询问自己。他起来走开了。他在黑夜中消失，接着在梦寐中消失。

谁生活着？

答语就在他的唇边。他不愿说谎，夏洛，你是谁？

他是一个过路的人。我是一个过路的人。是随便什么地方不能停留，认世界为也许不够大的那个人。

地、天、世界、宇宙，都是对于夏洛不存在的名词。他只认识路、雨、城市……

永远有一个影子走在他前面，它包含了一切的"不相识"。是向着它夏洛在走。他把"不相识"与"无穷"弄混了，因为怀疑主义不是他所擅长的。他是永远在希望而永远是失望的人。他记起来了。

镇静地，夏洛前进。他有他的整个的生命在他前面。有时候生命对于他显得太短促，有时显得太长久。他不晓得度量，因为日子是有时很艰难的。

夏洛不悲哀，不觉悟，也不烦恼。他老是猜到他在人家眼里和在他自己眼里是什么人物而痛苦的人。烦恼是不用害怕的。他判断。人只在受着鞭击的时候才觉得痛，但没有受着之前是不痛的。

最简单的，但这也是暂时的而实在是不行的办法，是变得淡漠。至少应得要有淡漠的神气、微笑、动作。用手杖在空中旋转。若无其事的样子。夏洛是谦虚的。这是他最可靠的武器。但是他骄傲。他不欢喜人家踏着他的脚。可是这是很容易的事情。他有一双很大的脚，他感觉又灵敏，他又可笑。算了。

他不懂得和过去争斗。他以为是看见了它，是一朵云，但压在他的肩上却很重。他要摆脱它，他努力摇撼它，离开它，但这朵云会逃避，等到他要去抓的时候。这只是流逝的水。他相信已经解脱了，抓握不住的云压在他的背上更重了。他徒然争斗，但也不能退让到停止这争斗。于是他走，给一个天天加重的担荷追逐着。有时候，很远，他以为看见一滴阳光在动，像一个小小的火焰。是向着它他想走去，但它也避远了。他叫它作"未来"。

同样的冒险重行开始。平凡。日子一天接一天地流过，留下一点磷火般的痕迹、单调的痕迹、烦闷的痕迹。有时，夏洛很乐观，想象着一切将要改变了，只要一些小小的灵迹。不久以后，他发现错误了。什么也不变，或至多只是外表的改动。是它们——外表——使得人有一些希望，如果人以为有什么更变的话。然而当你的希望渐渐尖化的时候，用了疯狂而轻佻的快乐所鼓足的美丽的球爆裂了，只剩下一副可怜的空囊，丑得像一口痰。平凡。永远平凡。

这样地夏洛在走路。风景、人、动物不完全一样了，但是他们这样地相像，令人看见他们的动作就感到失望。他们的姿势在世界整个的面积上重复地演着，他们摇动他们的手、腿，跟着工作、休息、吃饭、睡眠的单调的节奏。

真是，夏洛的心中再没有乐观的成分了。一种并无恶意的苦味，像油渍那般地涩腻，慢慢地浸透了他的心。

夏洛有一天回过来走。他重新到他流浪的少年时代所垦发的地方。许多东西似乎改变了，尤其是男人和女人。第一次，夏洛发现人与物换了一副样子，因为他把他们和他自己以往所认识的他们相比，但这是他的眼睛不是用同样方式来看的缘故。

第十一章　非时间，亦非空间……

夏洛下狱了。真是一切都和他作对。从凶狠的栅栏中望出来，夏洛看见他失去了一切；一切，就是自由。

他心底藏着回忆。他想起将要在这樊笼中消磨的岁月，他捏紧拳头。无论如何，他要逃。

他竟逃了。

然而困难来了。人家会重新捉到他，一定的，如果运气不帮他忙。穿着这套衣服——像斑马的外衣——立刻会被人辨认出来。

他匍匐而行，一直到一条河边，现在运气来了。堤岸上放着一个洗澡的人的衣服。

他一秒钟也不错过，把它拿了穿扮起来。他到河边去照自己，水面上映出一个牧师的影子。

牧师！一件他还从没干过的职业。可是他只要装出一副虔敬的神气，时时仰起头望望天就够。

在这种装束之下，人家再也认不出他。但究竟还以离开这个地方为妙。他留在那边的坏成绩也不少了。

他匆匆忙忙走向距离最近的一个车站。买票的时候，他不晓得拣哪一个方向。到哪里就哪里吧，既然他已经靠了偶然的帮忙。

他闭着眼把手指随便向车站表上一点。手指落在"新新"城上，那里刚造好一个世界上最大的监狱。啊！不。什么地方都好，除了这个。监狱，他已经认识。他闭着眼再来一下，指着了"小城"。去，往"小城"去。

火车到了。在车厢里，夏洛叹了一口心满意足的气。车轮的每一转使他离开这该咒的地方更远一步，每一转代表一些更大的自由。

他去坐在一个很威严的先生旁边，那先生在阅报，夏洛可以顺便借借光。他耸过头去就吓了一跳，他看见在第一张上印着他穿着囚衣的肖像。人家悬赏捉拿他。这位置真不好。他立起身来。但同时，他的邻人定着眼在望他，夏洛看见他的背心上佩戴着侦探的襟章，只好硬硬头皮装作若无其事的样子。

旅行竟没有预想那般地舒服。夏洛急着要快些到。下一站就下车吧。

车子没有完全停妥，夏洛已经跳了下去。他刚刚呼了一口气，一个又胖又大、穿黑衣服的人迎上来向他行礼。夏洛，稍稍不安地，回敬了。那个人申述来意；这是教堂里的香伙，特地前来迎候今天应该到任的新牧师。

夏洛没有话说。这个角色还得一直扮演到底。但是那一个真正的牧师，就要到来。

人家送来一个电报，是给香伙的。可是他没有眼镜是读不了的。恭恭敬敬地，他就请可尊敬的牧师先生替他念一念电报。

夏洛读完，乐不可支。

这是新任牧师的电报，说他有事要暂缓到任。

夏洛把电报读作："你等待的包裹，还要过几天到。"香伙莫名其妙。但他重重地谢了可尊敬的牧师。牧师，乖巧地，把电报撕了。

香伙告诉牧师这里的教徒们热心得不耐烦，都聚集在教堂里恭候他的大驾。

上路。

整个村子的人都集合着要拜识他。他进入教堂，大家站起。随后唱赞美诗。香伙同他的小沙弥倒很有念头。他们开始募化，夏洛仔细留神着。没有人敢拒绝。夏洛很高兴。

此刻全体都静默了。香伙和小沙弥去坐着，交叉着手，诚心诚意地。夏洛学他们样。"好古怪的职业。"夏洛想。香伙咳嗽，夏洛也学着咳嗽。香伙向他做手势，夏洛也回报他手势。他站起身来，夏洛也站起。

"你可以布道了。"香伙和他说，授给他一本《圣经》。

这，夏洛倒没有想起。他向他们讲些什么呢？很窘，夏洛望着香伙揭开着的《圣经》。

大卫与哥里阿德。好，就讲大卫与哥里阿德吧。

"从前有一次"，夏洛开始说，"有两队人打来打去纠缠不清。于是他们决定要爽爽快快打个分明。可是这却使两方面都为难，他们想找一个取巧的方法。

"有一天，一个凶狠的大汉子，向梭尔一派去挑战，辱骂他们。'没有胆量的小鬼，来一个和我较一较手，我们就饶恕了你们。'

"大汉子这样地咒骂了四十天，梭尔一派中没有一个人敢向前请他吃一个耳刮子。但是梭尔一派中有一个小人儿，叫作大卫，他觉得那大汉子未免过分了。

"他使我的耳朵热起来了，这家伙。

"他拿起皮制的弹弓，等大汉走近来，一颗大石子打在他的臭嘴上。

"大汉，叫作哥里阿德，一下子就给弹了开去。小大卫割下他的头。你们要讲他回来后的……"

虽然觉得奇怪，信徒们对于这个故事究竟很感兴味，一致表示满意。

091

"行了。"夏洛想。

他回过来向大家行礼，丢吻，好像他看见人家对什么明星们做的那样子。

这很美，成功了，但一笔丰富的收入却更妙。夏洛，做着最自然的神气，挟了竹筒，走了。

香伙跟在他后面跑。募来的钱不是为可尊敬的牧师的，而是为教堂的。夏洛失望了。

信徒们走来和他握手。夏洛很和气，可是这些人并不见得怎样可爱。……他判断得太快了。不是来了一个金发少女，由她的母亲陪着吗？她微笑，夏洛挤一下眼睛。

母亲请问可尊敬的牧师愿意不愿意赏光到她家里去喝一杯茶。

"哼，说得好听。"夏洛想。他答应了。

由少女和她的母亲陪着，夏洛穿过小城。大家全向他们行礼。夏洛挺一挺身子。走过酒排间的前面，两个女人眼睛低下来，夏洛却恨不得去转一转。

他的脚步突然急促起来，帽子也拉得很低。他刚认出了一个他牢狱里的同伴。但这位朋友并没给夏洛这手法瞒过；他认出了夏洛，和他打招呼。夏洛记起了他们在监里的谈话。这家伙的生活，是偷窃。他偷，像他呼吸一般平常。夏洛悲戚地想又要遇到什么倒霉的事，唯恐立刻要发生什么变故。在这种情形之内，人家会把他们俩一起抓去。贼远远地跟着他们。幸而他们到了少女的家，夏洛希望他至少不会有胆量跟进来。

　　已经在预备茶了。使可尊敬的牧师先生不致厌烦起见，人家给他看藏有全个家庭的照片的册子：祖母，一个高贵的太太，她爱花草，尤其是玫瑰，她织得一手好袜子，一个女神……她叔叔，一个又好又勇敢的人，天国里的猎人，瞧，他的枪还挂在火炉架子上面……小雅各，可怜的孩子，在十四岁上发了一个凶险的寒热死了，他是那样地勤谨，用功，老是很乖，很听话，一个温和的小天使……还有爱米姑母……伊达姨母……夏洛把照相册一页页更快地翻过去：“哀弟斯嫂嫂，于梨耶表姊，耶纳娘舅，杰姆堂兄！……”

　　有人按门铃。

　　这是好邻人，西特男好医生，来做他每天访问的功课，他的可爱的夫人和活宝贝似的小孩一起跟来了。

　　人家讲这个，讲那个。把城中重要的事情都告诉了牧师。东家生了一个小克拉克，西家的少女和南家的少男订婚。高莱伯伯把屋子重新油漆了。

　　“不是很好玩吗，这小宝贝？”

于是人家把小宝贝送上来向牧师先生请安。这小孩，把他抱在膝上真好。他玩起来了，抓夏洛的头发，小手小脚在他身上乱打乱蹴。一个爱神。但牧师还是劝他去看他的好爸爸。不幸好爸爸尝够了小拳头，把孩子又送给牧师先生。又是一顿小拳头。

"去，看你妈妈去，我的小爱神。"

小爱神走向妈妈去。她在织绒线，小爱神高兴极了。他找到了一个新的玩意儿。他拉绒线，用力地拉。拉过来了。拉，再拉。勇敢的小孩。此刻他玩起阳伞来了，顶着爸爸的帽子到厨房里去了。有人按铃：有一位先生要求见牧师，据他说是"牧师的朋友"。

这是监狱里的朋友来了。

"我已经预感到有好生意经了。"喃喃向夏洛说。

一番介绍。

那位朋友仔仔细细看着屋子。

"很好，你们这屋子。"

他多么和气！大家一齐微笑。

这可爱的人却很古怪。他不脱帽子，他一段又一段地抽着雪茄屁股。大城市里的举动，一定的。不比乡村里守旧。

西特男医生告辞了。但，老是大意地，这可怜的医生把帽子丢了。客室里，饭厅里，上天下地地寻。没有法子找到这该咒的帽子。

绝望地，医生秃着头走了。小爱神一声不响。

"滚得好。"夏洛想。

开始喝茶了。永远可爱的牧师，帮着少女预备一个出色的布丁，上面满布着香草奶油。

"牧师先生，请你赏光割布丁。"

没有法子。布丁硬得像木头一样。牧师用尽力气割下去。盆子朝天，布丁跳起。医生的帽子接着弹了出来。

大家都笑。可怜又可爱的医生。老是这么大意。点心吃完了。要预备房间。牧师的朋友有没有在宿店里开了房间？没有？留他住下。朋友的房间是空的。牧师竭力辞谢。真是识趣的、可爱的人！但是东道之谊是神圣的。我们乡下还是老规矩，应得留客。

夏洛愈来愈不安了，但朋友很高兴。他留神观察。他随随便便拉开抽屉。他大概要一把刀或一只茶匙，多么识趣！不要怕搅扰我们啊。

太太和小姐格外殷勤。他们有这两位上客，感到蓬荜生辉地荣幸。永远忘不掉的回忆。

但夏洛却提防着。他静听。他的朋友等了几分钟，幽幽地下楼去偷他刚才在一只抽屉里看到的钱。夏洛赶下去要阻止他。一场争战。太太和小姐恐怕有何意外，赶下来了。两位战士，若无其事的样子，只是在辩论。他们都热心研究神学。重复安定了。

这一次贼动手得更快了。他趁着夏洛一不小心就偷着钱逃了。

但是女主人们觉察了失窃，她们绝望。她们全部的积蓄都被盗去，她们要被人逐出这所屋子了。

夏洛发誓要替她们找回钱来。他奔去。

当地的村长得了警察署的通知来捉拿冒充的牧师。他到处搜寻。

夏洛在酒排间里把贼寻获了。

他玩一下假手枪的戏法，叫他的同伴举起臂，在他袋里搜到了原赃。

立刻他急急忙忙把钱送还给金发少女。

但他落在村长手里。

该死。

人家把他拘捕了。

村长押着他。

夏洛倒霉。算了。

他给手枪威逼着走。他想也许在这村子里的生活很舒服，在这金发少女旁边。他可以每星期布道。但他的梦都飞散了。路底就是监狱。

村长把他的梦惊醒了。

"你瞧见那块路牌吗?"

"是，"夏洛回答，"这是一块边界的牌子。"

夏洛想着那小村子。

"喂，"村长说，"你瞧见那边的田野没有? 那是墨西哥。"

"是，"夏洛答道，"那是墨西哥。"

他重新再走。

"去，到那边去替我把那朵美丽的花摘来。"

"好。"夏洛答应着，他已经懂得尊重纪律了。

他听了命令去摘花。但他回来的时候，村长已不在了。他在几公尺之外。夏洛大声喊。

村长回头来，耸一耸肩，一脚把夏洛踢到墨西哥。

这一次夏洛明白了。村长是一个好人。

夏洛得救了，他自由了。他可以安宁了。

一阵枪声。有人在打他。有人追他。墨西哥人当他是一个牧师。他只得重新逃入美国。

097

　　可是美国对于他是牢狱。只有自己小心，于是夏洛在边界上踱来踱去。

　　他梦想着。他踱了很久。

第十二章　爱情与黄金

夏洛困苦颠连了长久。他又饥又渴。他足够了。他要变成富翁，于是有一天他上船往黄金国去。

怎样的天气！雪，泥，雪。寒冷。夏洛狼狈地走着。他跟着神气上似乎知道一切的人们。大半都是疯子。他们害怕。他们唯恐人家窥探了他们的秘密，可是饥饿等着他们。他们不会笑了，他们都生了黄金病。他们走，夏洛跟着。走，走⋯⋯

夜和雪同时降下。什么都不能作准了。那些人变得凶野。

夏洛敲一家门。他想烘几分钟火。人家不收留浪人。

还得走，走。饿态到处乱逛。夏洛试着撬开一所小屋的门。人家咒骂，抵住着。夏洛拼命地推。没有办法。可是来了又大又强壮的人帮他一臂，门开了，屋子里的人不得不招待那些客人，因为现在他们比他更强。

小屋子里很暖，但夏洛有些不安。饿的幽灵出现了。

夏洛望望他同伴们的又长又白的牙齿。他知道他是三个人中最小最弱的一个。

要吃。

大家拈阄，决定谁应该去寻觅食物。阄落在那个不愿意接待过客的人手里。他去了。可是他会回来吗？

夏洛想出一个念头来了。他望望他的皮靴，向同伴提议把它煮汤。极好的计策。极坏的一餐。饥饿没有平息。它叫起来了。

有人在门上爬。也许他有粮食？夏洛和他的同伴，高高兴兴地跑去开门，门开了，两人都吓得往后退。这是一头熊。

但饥饿比恐惧更强。大家杀了熊，把它吃了。这一次饥饿可赶跑了。

于是夏洛的同伴诉说起他的秘事来了。他讲他找到一座金矿，和夏洛解释。夏洛，快活极了，听着并且祝贺他的同伴。

酣睡过后，两个同伴分别了。一个往金矿去，一个往不知何处去。

一晚，夏洛到一个木头和铁皮的城。照例在下雪。永久的冬天。冷得厉害。光微弱而又悲惨。

幸而有一个跳舞场。由他的朋友——一条狗陪着，夏洛走向音乐，音乐使他暖和；走向酒，酒使他微笑，走向热闹。大家跳舞。

夏洛看着。有些很漂亮的女人，穿着发光的长裙。其中有一个是那样地美，使其余的都不见了。

有人叫她。她的名字是乔琪亚。

喃喃地，夏洛再三地喊："乔琪亚。乔琪亚。"

他向她做一个他最动人的微笑。奇迹！她答应了他；他微笑。乔琪亚。她还微笑。夏洛对着他的幸福，竟不敢相信。

他回头来。一个大家伙在他后面做一个小小的手势。夏洛觉得这种冒昧的举动很可恼。他望着乔琪亚，要告诉他这心理。

哟可怜！她不是向夏洛微笑，而是向这个混蛋，强壮得像一头公牛。

音乐使光亮旋转。

人家忘记了雪、冷、风。在这热度中只有音乐、跳舞、酒精。乔琪亚走近夏洛。她要跳舞，她的臃肿的大家伙不愿意。夏洛上前自荐，她悲哀地接受了。

夏洛微笑。他要讨他舞伴的欢喜。但她不望他。她的眼睛钉住了酒排间，他的情人正在牛饮。

夏洛在碰运命。

他努力要跳得好，但是徒然。他的带子断了，他觉得裤子慢慢地在往下堕。他微笑。舞伴和气地答应他。慢慢地，可是确确实实地，他的裤子往下溜。

他看见地下躺着一根绳，他得救了。他请求原谅，停止了跳舞，敏捷地抓起绳，结住了裤子。哎哟！这条绳原是一端系着一条睡着的狗的皮带。

狗动起来了，拼命地拉，把舞男拉倒在地下。

夏洛觉得自己的可笑。大家在嘲弄他，哄堂大笑。只有乔琪亚婉地望着他，可是这是因为她可怜他。

夏洛发怒了。

他走了。走了几步，可是不，他宁愿成为可笑的人而再去看乔琪亚。

跳舞场快关门了，乔琪亚不见了。

明天，以后几天，夏洛回到跳舞场去。可是这样是不能使他发财的。他很幸福，因为有时候，这个美妙的女人和他谈话。

当他一个人在小屋子里的时候，在寂静和雪中，他想她，他等待天黑以便回到跳舞场去看她，他从小房间里望着门外一白无际的平原在出神。他梦着。一个雪球打在他脸上。大声的笑把他完全惊醒了。他辨别出乔琪亚的声音。

是她和几个朋友在散步，掷雪为戏。人家告诉他，他刚才受到的一个雪球原来是掷乔琪亚的。

他微笑。

他的屋子很荣幸，大家进来瞻仰，但这是为的嘲笑他。只有乔琪亚温柔地望他，这样的温柔，使他大胆起来：

"八天以后便是圣诞节，你们愿意在我这里吃圣诞餐，使我十二分地快乐吗？"

所有的少妇都笑起来。但乔琪亚答道："很乐意。"她去了。

夏洛快活得跳起来。他想跳舞，想捣乱一切。他抓住耳朵把它摇。羽毛在飞，雪又降了。夏洛，为预备圣诞餐的钱，去高高兴兴地工作。肩着一把铲，他一家一家地跑去请求替他们打扫门槛。他工作了一整天。十二月二十四日，袋里装着赚来的钱，去采办东西。随后，在约定时间的老早以前，他回到他的小屋子，安排筵席。他急匆匆地赶。虽然夏洛很不耐烦，但时间过得仍旧很快。终于到了半夜缺一刻。夏洛点起蜡烛，心突突地跳，他望着。每一个客人都有一件礼物，但最好的却躺在乔琪亚的盆子里。他在桌子上也安置了许多金光灿烂的装饰，盆子旁边有精致的小面包。一切都预备好了。

夏洛坐着，他梦想，等一会……

103

哦，她们来了。她们进来吗？她们幽幽地来，一些声响也没有。她们已经在桌子周围坐下，她们已经瞻仰一切装饰，乔琪亚已经在微笑，好像只有她一个人才懂得微笑。

大家好好地乐一下子。

小屋里跳起舞来真是太小了。能够怎样作乐就怎样作乐吧。夏洛在他脑子里寻找。他要显一些小本领给她们看。他用叉和小面包装成舞女的腿。

小面包和叉变成了小舞女，会跳极难的步子。小面包跳舞了。

乔琪亚和其余的同伴都拼命地笑。成功了。

夏洛抬起头。一个人也没有。蜡烛烧去了四分之三。一个人也没有，一个人也没有。

这是清早二点钟。夏洛明白他做了梦。她们没有来。她们寻他开心。夏洛耸耸肩，望着桌子、礼物、小面包、蜡烛。还是往跳舞场去的好。乔琪亚在那里跳舞，乔琪亚在那里笑。

站在门口，进去之前，他迟疑。但是乔琪亚的回忆推着他。他听见音乐和歌声。他推门。所有的老朋友都在。他们鼓掌，为他们中间最老的、跳得很好的一个喝彩。音乐改换了。它此刻奏一曲二十年前的老调，他们年轻的时候，离开冷、风、黄金很远的时代的老调。有几个人在沉思，有的忘记了一切，有的微笑。夏洛，他，只看见乔琪亚一个人。她很悲哀，于是夏洛不再恨她了。

他望着她，不敢走近去。

而且老是有那个大汉子向她讲话。他在发怒。他要打她。夏洛跑过去威吓他。大汉子嘲笑他，认为无用的小人。但是夏洛并不胆怯，他为了乔琪亚和他打。

大汉抓住他的喉咙把他骨碌骨碌地转。他终于挣脱了，重新冲上去。他的怒气把他的敌人猛烈地撞在墙上，猛烈得把一架大钟撞下来碰在大汉头上。全场喝彩。夏洛打胜了。

他走近乔琪亚。

但是这个时候……

真是夏洛没有运气。另外一个大汉，从前他在茅屋里遇到、两个人都饿极的那人，刚走进门。他瞥见夏洛就上去抓住他不肯放手。他述明来意。

"你还记得吗，那个茅屋离开我的金矿极近？领我去。我失掉了记忆力。有人要打我。我不知道我的金矿在哪里了。这是一笔横财啊……"

他吼着。这是一个疯子。

夏洛记起来了。然而他不愿意离开乔琪亚。

"我送你半个金矿，你将变成几兆兆的大富翁。"

乔琪亚大笑。

夏洛记起来了：他望望乔琪亚。他领疯子到金矿去，他就成了富翁，令人出惊的富翁，他再回来寻乔琪亚。

"我们明天动身。"夏洛说。

疯子大怒。

"不，立刻。"像熊一般强，他挟着夏洛推了他出门。

他们走了好几点钟。夏洛认识路。雪照常地下着，也许比往常下得更凶。末了，他们瞥见小屋子。他们去休息一会。风在外面尽力地吹。这是一阵风暴。不能再出去了。

光阴流逝。饥饿开始令他们感觉了。在这该死的屋子里，永远是肚子饿。风暴还是那样猛烈。听到它的吼、嘶。

饿了，老是饿。

大家咬咬牙齿。老疯子骚乱了。他很饿，愈来愈饿。他望望夏洛，用眼睛估量他。他看他很可一吃。他的肉应该和鸡肉差不多，很嫩。

疯子慢慢走近夏洛。夏洛退，疯子进，夏洛望后跳了一大段。他开着门逃。风暴已经停止，现在天晴了。

夏洛逃，逃。他到了金矿前面。

看啊，黄金。

老疯子忘记了他的饥饿。看啊黄金。这是财运。

夏洛从来没有这般地富。他愿望什么就做什么。他很忙。他旅行。芝加哥，纽约，派姗皮区。日子用着发狂一般的速度在飞过。夏洛不晓得先干什么好。

然而他已经够了。他要到欧洲去和他的朋友一同休息，这恰好和他一样富有的、没有记忆力的疯子。

特等舱。雪茄。修指甲。威士忌酒。人家在他们周围忙碌地侍奉着。新闻记者请问他们有何印象。几百兆的富翁。一个照相师向他提出问题。夏洛答应穿着他寻黄金时的衣服摄影。大家到有阳光的地方去。这是三等舱。很有本地风光。

也有一个少女在孤独地哭。夏洛去安慰她。

他认出她了。

"乔琪亚，乔琪亚，乔琪亚。"

他向照相师宣布他们订婚了，照相师祝贺他们，替他们摄影。

别了纽约！

第十三章　微笑的影子

有凄凉的日子。于是夏洛不见了，仿佛冬天的鸟儿。当奇遇和爱情消失的时候，夏洛走远了。

这是大地荒漠的时代，鸟兽低垂着头，屋子里保持着静默的节季。嘴里所传出来的只是哀丧的声音；树上，天空，只有灰色的鸟；水味也变得苦。没有人再有勇气哭。

纽约的银行倒闭，日本与智利在地震，不列颠帝国森林最茂的郡邑中汽车肇祸，丹麦的海上船只沉没⋯⋯

日子一天天地过去，没有一个孩子敢笑。但是一晚，幸运啊；偶然地人家看见夏洛在天际出现了。

一个一个地，世界上所有的欢乐苏醒起来。有拂晓的欢乐，有黄昏的欢乐，有星的欢乐，有马的欢乐，有红球的欢乐，有蒸汽机的欢乐。人家到处看到微笑。有人在山边笑，有人在湖边笑。雪，亮晶晶的，海，像镜子一样，一道阳光俯在树上，张开着喉咙歌唱。

夏洛在响露水中前进。他的影子渐渐增大。

（很远，在田野中，城市里，点起晚上的灯火。）

他的影子渐渐增多，映在粉墙上，映在刚洗过的被单上，映在满满的月光中。

有几处地方并没受到感染。人们不愿意笑。他们不知道把他们的悲哀与怨恨忘掉一分钟。邻人的笑声使他们痛苦。他们伏在他们的书上,好像俯在镜子前面。更远处,老是更远处,有人想着格林兰特冰岛,澳洲南边的太斯玛尼岛,夏洛的影子愈加长大。欢乐和夜同时上升。时间一下一下地敲过。世界显得缩小了,人类走近来互相挨紧。大家在说话。

像一阵清风,像一片热流,同情心注入各个人群。夏洛散布的单纯的欢乐,闪闪着飞,像雪花般落下来,布满整个的地面。日蚀、鱼、发疯的草、白云、露水、松鼠,以及夏洛曾经受过一天、一小时、一分钟的一切东西。大家称为"微笑"的周游世界的狂热的途程,似乎留下磨灭不掉的痕迹。从他经过之后,这里,那里,不敢笑的许多人的忧郁病痊愈了。他们做手势,他们吐出言辞,他们喃喃地……

是夏洛(被一群人跟着)在向前。他笔直地往前走,手里拿着杖,帽子戴在头角上。

他走。

他生活。

他笑。

但是在他周围,许多影子骚乱起来。人家在他们的步履上认出是永久的幽灵。第一有一个巨大的人,太胖,太凶。

109

他像他的高大一般地卑怯，像他的肥胖一般地残忍。当他确定他自己是最强的时候，他滥用他的强力。他总是尽力地打。他到处都在，人家在城市里、乡下遇到他，早上，晚上，夜里。他舞动他的长臂吓人，有时候他的影子把他自己也吓了。

他恨恨地追逐夏洛，因为夏洛弱小而且并不恶。

在他后面，另外一个胀满胸脯在走；他很美，尤其他自己相信这样。他鬈曲着须，用藐视的神气看他周围的一切；这是破碎人家的心的人，为一切女人爱慕的诱惑者。他知道只要在眼睛里望一个女人，就可使她倒在他的臂抱里。夏洛羡慕他，是他最憎恨的人。他要把他驱逐出地面；因为在他旁边有一个小女有时哭，有时笑。是她，他愿意被她打败的。是她，夏洛爱的。是她，夏洛想奉献幸福、富贵、温柔。她全知道，然而她喜欢粗暴的人，自私的、蠢的但是美的。夏洛追逐着这个逃避他的影子，有时候他追到她的时候，她令他失望；但虽然失望，他宁愿在旁边看她；她和夏洛在她身上织成的梦是那样地不同，使夏洛也走远了，去找另外一个影子，老是那个，那个。

是重新看到这些人物、这些云彩的时候，夏洛在微笑中含着要哭的意念。人是不应当感伤的，但是忧患、生活的习惯，硬留在那些想忘掉一切的人的记忆里。

　　夏洛到每个地方去探险。他努力要保持他的宁静，避免他的生命屡次用以缠绕他的重复。徒然。他觉得土地好似布满了男人、女人、光明、阴暗、快乐、微笑和影子的一个球。

第十四章　永恒的星

年光消逝。它扫荡一切确实的事物。没有一件东西能够不为时间的运动所摇撼，黄金、爱情、往事，都支撑不住。

地球转着。欧罗巴、亚细亚、亚美利加。已经好几年了，夏洛重新获得他的自由，这困顿和孤独的姊妹。他迎着日子向前，像空气般自由。他忘了他以往的一切。

他跟随着风，他追逐他的影子，或窥伺运命的神秘的记号。

一天，他在一个城里散步；又一天，他到乡下去。他逃，他漂流，他生活，他是自由的。

从今以后，他相信，没有一件东西再能羁绊他。他甚至对金发女人也不信任了。饥饿重新做他的同伴。但他知道应该靠偶然；因为它是一切人类之主。

夏洛有一天听见群众的单调的声音。他向着声音前进。在城里有一个大节会，稀奇古怪的戏法，猪油的味道中杂着碳酸气。白天也到处点着灯，像假的首饰一般在发亮。男人女人闲荡着。他们大张着嘴，惊讶地叹赏会得叫的画片，商人们讨欢喜的腔调。天空中，旗帜给音乐和群众的嚣声震动着，飘扬着想去和云儿握手。

夏洛让潮水般的人把他拥着向前。有时他在活动肉铺子前面停留，鉴赏香肠和小面包。

有一个卖肉的劝他吃一客火腿夹面包，正在闹饥荒的夏洛本能地伸出手，但随即缩了回来，因为他记起袋里没有一文钱。

有人，喔真是寻开心，试着来扒他的衣袋。扒手转起坏念头来。夏洛微笑。夏洛没有被窃，正是相反。一个警察看见扒手在夏洛袋里摸，勒令他把他的皮夹还了夏洛。夏洛道谢。他买了一条香肠，然而他良心上总是不安稳，他宁愿走开。

夏洛从来不大爱警察。他一看见他们的制服就跑，本能地。这真是笨极了。笨极了，因为这样一跑就使人注意他。人家以为——也不完全真，也不完全假——他做了什么虚心事。

警察们正接到了警告，大张着眼睛。有人报告说有一队扒儿手到了城里。

看到夏洛遇到他们总是逃，警察就监视他了，其中一个在后面跟着他。

夏洛跑，警察跑，愈来愈相信他是一个贼，或竟是一个杀人犯。夏洛使乖。他跑进一座奇怪的屋子，走廊黑暗得厉害，一阵阵冷风吹着，楼梯歪来倒去的，有时候房间太狭，有时候天花板太低，客厅里的墙壁上挂着的镜子，配得那样古怪，教人再也摸不着出路，一个人一霎时变成了四五个。在这里警察追上了夏洛。夏洛看见他给五个警察包围着。这真是太多了。但那些警察也给迷昏了，扑向夏洛的时候，他们一头撞在镜子上。

夏洛逃脱了。

他还跑。他在一个大篷帐四周跑，但瞥见了永久的警察底影子，他溜进了马戏场。野兽在吼。一阵兽粪的臭味笼罩着这个奇怪的国土，内面放着球、金属的零件、绳索、鞭子……一面完全是金光灿烂的世界，一面是污秽恶臭的悲惨世界。人们急急忙忙地走过，喘气也来不及，也有人在一隅睡着。

"你来干么?"马戏班主喝着问。

"我来寻一些差使。"他回答。

"你会做什么?"

"样样都会一些……"

"好，"班主说，"等着。"

夏洛等着。他看看周围。一个年轻的女郎，浑身披着白纱，悲哀地走过。

"她是谁。"夏洛问。

"女骑师。"

夏洛十分赞赏她。

班主收留了他，令他做一切最脏的工作。他并不抱怨。他疲乏了，望望在练习武艺的女骑师。

"喂！那边的家伙，你是来做工的。"

晚上，夏洛很高兴不出钱看白戏。人家教他帮着搬应用的器具。但人家忘记给他制服。算了，他老是有他的小杖使他显得很尊严。

看客慢慢地来了。戏快开场。乐队奏着序曲。铜器响了。灯也亮了。

夏洛传接器具。

在机器匠们预备着天空体操的家伙时，夏洛被任传接各种魔术家的用具。可是他不大有习惯搬运这类东西，不幸也没有人肯告诉他留神些。他那样的毛手毛脚把魔术家的西洋镜拆穿了。他看见藏着桌子里的兔子乱窜，一只木箱里的鸭满场跑，他第一个就叫起来。他追鸭子，寻兔子。看客们望着夏洛傻头傻脑的神气，乐不可支，哄堂大笑。有的人以为是一个新小丑上台，开始喝彩。很威严地，夏洛行礼答谢。掌声像春雷似的爆发。

115

夏洛又行了一个礼，下台了。

他回到后台同伴们嘲笑他。

"喂！朋友，看你要挨老板的臭骂。"

老板走近来。他一声不响。他望一望夏洛和小丑头目说：

"教他扮奇奥默·丹尔的儿子。"

夏洛不晓得谁是奇奥默，更不认识他的儿子。

他不耐烦地等着。

"喂，夏洛，跟我们来。"

小丑们出场了。可是夏洛看见了女骑师，想着别的事情。小丑喊他。

"夏洛!"

他赶上去。

他一上场，台下就热烈地拍掌。很荣幸，夏洛微笑，行礼。他试着去帮助小丑，但虽然他尽力地干，总是手脚太慢。

看客笑得很厉害。

"还好，"夏洛说，"他们看不出我还外行。"

他扮奇奥默·丹尔的儿子。

他不懂这幕戏。人家把一只香蕉放在他头上。他拿掉

116

它。小丑们怒极了。但是看客笑得愈加起劲了。

"一切都齐备了。"小丑们喊。

夏洛回头去望。闯祸。得重新来过。看客拍手。

夏洛又行礼，香蕉可滚下来了。夏洛看见全场的人都在笑，他想今天晚上他们倒开心得很。

终于演完了。夏洛，心里明白他做得很蠢，回到后台。小丑们出台行礼的时候，他跑去藏着，他恐怕给人家叱骂。夏洛想他把那出戏弄糟了；他们要这样地嘲笑他！

群众拍手。

"夏洛，"看客喊，"夏洛……"

乖巧地，夏洛躲着不动。他听见班主在喊：

"夏洛！"

夏洛缩得很小。

"畜生。"班主骂。

"我该怎样地倒霉啊。"夏洛想。

终于班主看见他了。

"去行礼，混蛋。要是你不马上去，他们要把一切都捣烂了。"

夏洛，半死半活地，回到台上。

狂热的欢迎。

人家喝彩捧他，叫好。他四周一望。这真是成功了。他瞥见女骑师在笑，在鼓掌。

他快活得跳起来，走到少女前面去。有人喊他。

班主急急忙忙走前来。

"我和你订两年合同。你每星期可赚五块金洋。但是你每天晚上，得照着今天所做的，完全一样地做。"

"真是怪物，这些戏子！"夏洛想。每个晚上他重新开始。人家很热烈地欢迎他。白天，他继续他的工作。人家教他做最吃苦、最脏的事情。他很快乐。他的生活不单调，女骑师又对他很和气。他可以帮她不少忙，有时候和她谈话，常常安慰她，因为她不是幸福的。她的父亲，马戏班主，是一个非常强暴的人。他打她好像他打一切不敢违拗他的人。至于他，夏洛，他不能抱怨。班主让他很安宁。的确他教他做许多工，他监视他，但他不打他。

夏洛不懂为何他得到这种优待。是他的朋友，女骑师，替他解释明白了。

"你不觉得，"她有一天和他说，"当他在料理喂马的干草的时候，你不觉得他在利用你。靠了你的成功，他发了一笔横财。你的名字已经可以使马戏场每夜客满。但他不给钱。你是一个大艺术家，但他给你最下等的马夫工钱。你不知道他真怕你走掉……"

夏洛放下割草的家伙。他想不明白。他，一个大艺术家！他笑了。

"喂，"他的朋友又说，"试一试。和他说好如他不多给你钱，你要走……"

一阵呼喝的声音把女骑师的说话截断了。班主，粗暴的家伙，藏在离开那里不远的地方，听到他女儿的最后一句话，发疯似的震怒，举起短鞭，他扑向他的女儿。

夏洛，吓呆了，试着去挽回老板的怒气，拿起他的割草刀。忘记了他的女儿，班主开始追夏洛，并且威吓他要把他勒死。

可是夏洛对于追逐的玩意儿，颇有经验。他很可以逃掉这疯子。他躲着。可是他走近了，夏洛逃。一面退，一面走进了一辆游方车，用力关上了门。现在他可平安了。

他回头一看。哎哟！

这辆车原来是狮子笼。"亚历山大，山野之王，亚非利加之恐怖者，世界上最凶猛的狮子"在他前面。夏洛望望亚历山大，亚历山大望望夏洛。一个心里怕，一个肚里饿。狮子打呵欠。这是它吃东西的时候了，它舐着嘴唇。夏洛不敢喊救命，他没有叫喊的力气。他发抖。

119

一秒钟之内夏洛重新看见了他的生活。他想起他看见过的一切地方，他爱过的一切女人，他尝过的一切失望……他没有什么遗憾。但他为了那少女，还想生活一回。

她来了。

她看见他在栅栏里，在狮子前面。她呼救，她喊。被这许多声音惊扰了，狮子站起来。终于驯服狮子的人赶来了，救出夏洛。

他好险啊。

无疑地，这是他一生遇到的最大的危险。

一切都好，结果也好。夏洛跑去谢救他的也是他救的女友。他走近篷帐，她不在。大家都集在门口。铁线之王，世界上最有名的走绳索家到了。

女骑师在他旁边，她鉴赏着他，向他微笑。

哦，他不见得如何讨人欢喜。他恐怕是一个滑头。夏洛宁愿走开。

演戏的时刻到了。乐队，灯光，喝彩声。

班主宣布在完场的时候，有一幕世界上最危险的玩意。轮到夏洛了。他很受欢迎，但比以前要差些。看客不耐烦地等待铁线之王。

夏洛下场。女骑师在那里。是他，她在等他。好幸福!

他向着她走去。她和铁线之王谈话，他愈漂亮了。女骑师替他们介绍。他行礼。但是走绳索的不屑地望着小丑。

夏洛尊严地走开了。

铁线之王博得极大的成功。夏洛承认他那出表现的确安排得很好，但不应得吹得过分，他不见得如何了不起。

他穿装得很美，夏洛又注意到这一层，这是一切女人所爱好的。

夏洛注意他的修饰。

一天一天，夏洛发觉女骑师对铁线之王显得亲热起来。夏洛，可怜的他，一晚，决定去向她诉说他的爱情了。演完了戏，他要去看她，准备伏在她的脚下。

他发现她在铁线之王的臂抱里。夏洛走远了。他想离开马戏班。他没有勇气。希望还没死灭。他要重新去争回女骑师。铁线之王不是正经的人。他知道总有一天他会遗弃她。希望他愈早遗弃她愈好。她可以打破她的幻梦！诱惑她的，是他的美丽的衣服……

悲哀的日子。应该艰苦忍耐。班主待夏洛不比从前和气了。他再没有从前那样博得看客的欢迎。

夏洛细细想。他要胜过他。晚上他很卖力。他要做得古怪，拼命得要令人发笑。

没有人再笑了。他徒然旋转他的小杖，镇静地行礼。一个人也不笑了。

人家不再喝他的彩。班主和他说：

"你已经完了，我的孩子。你简直不古怪了……"

夏洛坐在一隅。这是真的，一切都完了。他只有走。

但他们今晚为何这般骚扰？他们都显得呆了。他们失掉了铁线之王。再也找不到他。他失踪了。

夏洛很开心。

班主，狂怒着在叫喊。

"他们捣烂一切了。"

看客们不耐烦起来。他们顿足。他们大声地呼啸。

"谁愿意代替这混帐的家伙？"

夏洛，很镇静地，走过去说：

"我……"

班主祝贺他。

"去穿扮起来。"

夏洛穿起大礼服。"我非凡地美了。"他想。他走过女骑师身旁。她替他发抖。

"当心，"她和他说，接着又说，"不要干这个……"

"这不见得怎样地难，你知道。"

122

夏洛觉得这个答语很不坏。看客一见他上场都狂热地喝彩。夏洛认识这个群众的声音。

他望群众，望面上显得惶急的小丑们。他又看到一颗白点。这是女骑师望着他。她合着手，替他捏一把汗。

他往铁线上安放一只脚，接着放上另外一只脚。他靠着秋千架向前。看客们叫好。

"这些混蛋看不见我的把戏……好吧……"

没有上去之前，夏洛在裤带上系了一根铁线，细得看不出的线，把它提着。

夏洛轻飘地向前。可是那些拉着铁线的蠢汉，拉得太用力了。他的裤带开始格格地作响。

夏洛想回头来走。他做记号叫人家拉得松些，但那些蠢汉以为是还要拉得紧些。裤带断了。提着他的铁线远去了……夏洛闭上眼睛。他听见亚历山大的吼声。他记起那狮笼。他想他曾经好好地逃了出来，但这一次……

而且是他自己愿意的。

"而且，讲到末了，这也许更好，"夏洛想，"我已经没有希望了。终是那一回事。"

他慢慢地走着，很艰难地。再二十步他就出险了。

"什么东西在抓我的腿？什么东西在呵我痒？"

一个猴子从笼里溜出来，走上铁线，还有一头也跟来了，开始和夏洛玩。它们抓他的头发，咬他的鼻子。

这一次，真是末日了。

他听见人家的叫喊。看客们发觉了这个危险的情形。女人们晕过去了。夏洛向前走着，只有绝望导引他。

他走的时候，大声的叫喊祝贺他。他得救了。他明早醒来，人家告诉他的一个消息便是寻到了铁线之王。

和这个马戏班竞争的班子，要使这个班子的表演不得成功，把他绑起走了，他在夜里才脱身逃掉。

报信的人还说：

"你要知道那小妮子才怎么高兴呢！"

夏洛悲哀地微笑。

他又睡去。刺激把他的心刺伤了。他醒来时，马戏场已经拆掉，一切都准备动身了。

班主决定离开这个地方，到别个大城市的近郊去。

夏洛思索着。马戏班发动了，班主领首，他向着夏洛喊：

"那么，喂，快些呢，混蛋。"

戏子们的车子慢慢地走过。他瞥见铁线之王坐在女骑师身旁。他们谈话，互相微笑。手挽着手。女骑师看见了他，把车子停下。她来找夏洛。铁线之王，很可爱地，也再三地邀他。

"走吧，"夏洛说，"我会跟上来的。"

游方车动了。马戏班走过了。一阵灰尘的云飞起，夏洛就在这云里消失了。

马戏班走远了。灰尘重新飞回地上。夏洛望望他的周围。一辆车也没有。天际，已经很远了，一阵灰尘遮掩了游四方的戏班子。夏洛一个人站在他曾经演过戏的场中间。只有些微痕迹，一个圆形，差不多没有了。

夏洛望着这空处。他脚下一件东西在发光。他拾起来。是一个插在女骑师头上的星，她遗忘了的。

夏洛回头。在他后面，马戏班向着它的运命趱奔去了，在他前面，一片无垠的原野与青天。

他站起，他一个人了。他走，他走向永恒。

125

第十五章　终局

　　一切夏洛所猜测到的未来，展开在他前面像一幅大风景。很远，在北方，他看见终点，他再不能笑的那一天。因此，他应当躲藏，努力遗忘，既然人家要遗忘他。有时他的名字会在一个老人口上提起，这些字音的回声会传到他的耳边，使他痛苦，像一个创伤。

　　遗忘对于他成了一个问题。他只知道回忆，这是他最大的弱点。他可是并不希求光荣，也不希求名誉。他已经见过群众的任性，如儿童一般，他已认得他们的脾气的古怪的行动。他已用不到任何人，但他还要依赖男人、女人，使自己不致完全倒下。一切散布在生命上的灰烬，像生根的菌一般牢固，它已经啃住了夏洛。因为夏洛不晓得什么时候他要死。他不相信他的灵魂会永生。他知道，在他以前，有过许多人曾经周游世界去探寻使他们肯定自己的微笑，许多人曾经失掉了记忆，他们坠入虚无。

　　夏洛往何处去？他自己苦闷地追问着。他愿望孤独地一个人，但幽灵一动，便使他害怕，害怕寂寞。因为那些无名幽灵，在他周围，长大，絮语，他不敢认识他们。他想否定他们的存在，但他不能禁止自己去怕他们，爱他们。

夏洛知道他令人笑，但令人笑有什么好处，既然他不相信快乐，也不相信幸福。他也一般骗追寻微笑的人，不由自主地。他不能阻止自己不使人笑，只要他的名字能够在人们的面貌上，浮现这个鬼脸。大家都要笑，而夏洛，当他显示出他的苦难、他的悲哀、人类运命的惨酷之时，就令人爆发这个可羞的快乐，使孩子、大人、老年纪的，都乐得忘形。

笑……

好像是唤起已经忘掉的悲哀与快乐的一段复唱底歌词，这个名词——笑——使夏洛骇怕。能不能避免这个需要，能不能逃遁？他想着一种上天的报仇、奇特的破坏。他忘记了温柔，为的是只去看残忍。他把笑和愤怒相比，因为他知道笑的人是粗暴、自私、残忍的笑，他想，这是看了别人的不幸而作乐，这是要纠正他们治不好的笨拙。而夏洛知道他是笨拙的、糊涂的、惶惑的。

使他骚动而奇怪的，是在人类的视觉之外，他有时正向着一个不认识的世界前进。这个路程使他迷失了，使他遗忘了眼前的需求。他踉踉跄跄，他迟疑，他失足，而这种使他突然向后转的踌躇使看见他的人觉得好玩，无数的看客赏玩他的笨拙。

机械一样地，预备鼓掌的张开的手已经在合拢来了，同

127

情会远离他。他更不敢去干犯冷淡、恶意、嘲弄，他宁愿受人家的笑，虽然使他憎恨，使他对着整个世界失望。

他得继续走他的路，去寻一千零一种的笑。他只有永远走，还要受苦，跌，挨打，被凶恶的命运追迫，使大家快乐。

他没有无挂无碍的能耐。但他不愿惶惑。他的命运已经定了。为他的生命，只得算了。他是有一天生在一个已经没有名字的地方——至少对于他。他的生活单调地消逝，又寂寞。他的命运，他认识，想象，同时又不晓得。他很愿意人家在他下葬的时候哭，但他知道这些治丧的人将要很高兴，他们生平第一次的快乐，因为他们记起这个死尸往昔曾经活动，拿着一根小杖，他很古怪，那样地古怪。

在他墓上，真可以宣读一篇如何美妙的祭文：

"这是一个人类中从未诞生过的最好笑、最可笑的人。看了他的后影，人家不能不微笑。

"他死了，我们还在微笑，因为我们的回忆陪着他。这个回忆，像死者一样，戴一顶小圆顶帽，穿一双太重笨的靴……"

于是在场的人，重新看到他们儿时见过的夏洛，温和地笑起来，遗忘了的慢慢地沉入地下的死者。也许断一根绳，也许掘墩的工人喝醉了酒，也许他将来最后爱的一个女人，将要想起在地下等着她的情人，也许……？

死人有时也会很古怪的。他想着一个夜里有人会来，在埋着他的遗骸的石上，镌着这几个又凶恶又温柔、又感恩又报复的字——

> 这里永息着一个曾
> 使全世界发笑的人

以后人家也不懂这意思了，而夏洛平平地腐烂。死对于他真会变成一种报复。是在这个时候，人家开始懂得他曾经是那样地残忍，因为他只晓得笑，而有些人或将猜到夏洛是一个和其余的人同样的人，只是少些虚荣心，既然他不愿意认真，他的极端的笨拙也只是一种最聪明的伶俐。

贝多芬传

〔法〕罗曼·罗兰

译者序

唯有真实的苦难，才能驱除浪漫底克的幻想的苦难；唯有看到克服苦难的壮烈的悲剧，才能帮助我们担受残酷的命运；唯有抱着"我不入地狱谁入地狱"的精神，才能挽救一个萎靡而自私的民族：这是我十五年前初次读到本书时所得的教训。

不经过战斗的舍弃是虚伪的，不经劫难磨炼的超脱是轻佻的，逃避现实的明哲是卑怯的；中庸、苟且、小智小慧，是我们的致命伤：这是我十五年来与日俱增的信念。而这一切都由于贝多芬的启示。

我不敢把这样的启示自秘，所以十年前就迻译了本书。现在阴霾遮蔽了整个天空，我们比任何时都更需要精神的支持，比任何时都更需要坚忍、奋斗、敢于向神明挑战的大勇主义。现在，当初生的音乐界只知训练手的技巧，而忘记了培养心灵的神圣工作的时候，这部《贝多芬传》对读者该有更深刻的意义。——由于这个动机，我重译了本书[1]。

此外，我还有个人的理由。疗治我青年时世纪病的是贝多芬，扶植我在人生中的战斗意志的是贝多芬，在我灵智的成长中给我大影响的是贝多芬，多少次的颠扑曾由他搀扶，多少的创伤曾由他抚慰，——且不说引我进音乐王国的这件次要的恩泽。除了把我所受的恩泽转赠给比我年轻的一代之外，我不知还有什么方法可以偿还我对贝多芬和对他伟大的传记家罗曼·罗兰所负的债务。表示感激的最好的方式，是施予。

为完成介绍的责任起见，我在译文以外，附加了一篇分析贝多芬作品的文字。我明知这是一件越俎的工作，但望这番力不从心的努力，能够发生抛砖引玉的作用。

译者

三十一年三月

附注：译文内注解除标明"原注"者外，皆系译者增添。

注释：

1　这部书的初译稿，成于一九三二年，在存稿堆下埋藏了几有十年之久。——出版界坚持本书已有译本，不愿接受。但已出版的译本绝版已久，我始终未曾见到。然而我深深地感谢这件在当时使我失望的事故，使我现在能全部重译，把少年时代幼稚的翻译习作一笔勾销。

原序

　　二十五年前，当我写这本小小的《贝多芬传》时，我不曾想要完成什么音乐学的著作。那是一九〇二年。我正经历着一个骚乱不宁的时期，充满着兼有毁灭与更新作用的雷雨。我逃出了巴黎，来到我童年的伴侣、曾经在人生的战场上屡次撑持我的贝多芬那边，寻觅十天的休息。我来到篷恩，他的故里。我重复找到了他的影子和他的老朋友们，就是说在我到科布楞兹访问的韦该勒底孙子们身上，重又见到了当年的韦该勒夫妇。在曼恩兹，我又听到他的交响乐大演奏会，是淮恩加纳[1]指挥的。然后我又和他单独相对，倾吐着我的衷曲，在多雾的莱茵河畔，在那些潮湿而灰色的四月天，浸淫着他的苦难、他的勇气、他的欢乐、他的悲哀，我跪着，由他用强有力的手搀扶起来，给我的新生儿约翰·克利斯朵夫行了洗礼[2]，在他祝福之下，我重又踏上巴黎的归路，得到了鼓励，和人生重新缔了约，一路向神明唱着病愈者底感谢曲。那感谢曲便是这本小册子。先由《巴黎杂志》发表，后又被班琪[3]拿去披露[4]。我不曾想到本书会流传到朋友们的小范围以外。可是"各有各的命运……"。

　　恕我叙述这些枝节。但今日会有人在这支颂歌里面寻求以严格的史学方法写成的渊博的著作，对于他们，我不得不有所答复。我自有我做史家的时间。我在《亨特尔》和关于歌剧研究的几部书内，已经对音乐学尽了相当的义务。但《贝多芬传》绝非为了学术而写的。它是受伤而窒息的心灵底一支歌，在苏生与振作之后感谢救主的，我知道，这救主已经被我改换面目。但一切从信仰和爱情出发的行为都是如此的。而我的《贝多芬传》便是这样的行为。

大家人手一编地拿了去，给这册小书走上它不曾希望的好运。那时候，法国几百万的生灵，被压迫的理想主义者底一代，焦灼地等待着一声解放的讯号。这讯号，他们在贝多芬的音乐中听到了，他们便去向他呼吁。经历过那个时代的人，谁不记得那些四重奏音乐会，仿佛弥撒祭中唱《神之羔羊》[5]时的教堂，——谁不记得那些痛苦的脸，注视着祭献礼，因它的启示而受着光辉的烛照？生在今日的人们已和生在昨日的人们离得远远了。（但生在今日的人们是否能和生在明日的离得更近？）在本世纪初期的这一代里，多少行列已被歼灭：战争开了一个窟窿，他们和他们最优秀的儿子都失了踪影。我的小小的《贝多芬传》保留着他们的形象。出自一个孤独者底手笔，它不知不觉地竟和他们相似。而他们早已在其中认出自己。这小册子，由一个无名的人写的，从

135

一家无名的店铺里出来，几天之内在大众手里传播开去，它已不再属于我了。

我把本书重读了一遍，虽然残缺，我也不拟有所更易[6]。因为它应当保存原来的性质，和伟大的一代神圣的形象。在贝多芬百年祭[7]的时候，我纪念那一代，同时颂扬它伟大的同伴，正直与真诚的大师，教我们如何生如何死的大师。

罗曼·罗兰

一九二七年三月

注释：

1 F. Weingartner，系当代指挥贝多芬作品之权威。

2 罗曼·罗兰名著《约翰·克利斯朵夫》，最初数卷的事实和主人翁的性格，颇多取材于贝多芬的事迹与为人。且全书的战斗精神与坚忍气息，尤多受贝多芬的感应。

3 法国近代大诗人，与作者同辈，早死。

4 本书全文曾在班琪主编的《半月刊》上发表。

5 此系弥撒祭典礼中之一节。

6 原注：作者预备另写一部历史性的和专门性的书，以研究贝多芬的艺术和他创造性的人格。〔译者按：此书早已于一九二八年正月在巴黎出版。〕

7 一九二七年适为贝多芬百年死忌。

初版序

> 我愿证明，凡是行为善良与高尚的人，定能因之而担当患难。

> ——贝多芬（一八一九年二月一日在维也纳市政府语）

我们周围的空气多沉重。老大的欧罗巴在重浊与腐败的气氛中昏迷不醒。鄙俗的物质主义镇压着思想，阻挠着政府与个人的行动。社会在乖巧卑下的自私自利中窒息以死。人类喘不过气来。——打开窗子吧！让自由的空气重新进来！呼吸一下英雄们的气息。

人生是艰苦的。在不甘于平庸凡俗的人，那是一场无日无之的斗争，往往是悲惨的，没有光华的，没有幸福的，在孤独与静寂中展开的斗争。贫穷，日常的烦虑，沉重与愚蠢的劳作，压在他们身上，无益地消耗着他们的精力，没有希望，没有一道欢乐之光，大多数还彼此隔离着，连对患难中的弟兄们一援手的安慰都没有，他们不知道彼此的存在。他们只能依靠自己；可是有时连最强的人都不免在苦难中蹉跌。他们求助，求一个朋友。

137

为了援助他们，我才在他们周围集合一般英雄的友人，一般为了善而受苦的伟大的心灵。这些"名人传"[1]不是向野心家的骄傲申说的，而是献给受难者的。并且实际上谁又不是受难者呢？让我们把神圣的苦痛底油膏，献给苦痛的人吧！我们在战斗中不是孤军。世界的黑暗，受着神光烛照。即是今日，在我们近旁，我们也看到闪耀着两朵最纯洁的火焰——正义与自由：毕加大佐和蒲尔民族[2]。即使他们不曾把浓密的黑暗一扫而空，至少他们在一闪之下已给我们指点了大路。跟着他们走吧，跟着那些散在各个国家、各个时代、孤独奋斗的人走吧。让我们来摧毁时间的阻隔，使英雄的种族再生。

我称为英雄的，并非以思想或强力称雄的人，而只是靠心灵而伟大的人。好似他们之中最伟大的一个，就是我们要叙述他的生涯的人所说的："除了仁慈以外，我不承认还有什么优越底标记。"没有伟大的品格，就没有伟大的人，甚至也没有伟大的艺术家、伟大的行动者。所有的只是些空虚的偶像，匹配下贱的群众的：时间会把他们一齐摧毁。成败又有什么相干？主要是成为伟大，而非显得伟大。

这些传记中人的生涯，几乎都是一种长期的受难。或是悲惨的命运，把他们的灵魂在肉体与精神的苦难中磨折，

在贫穷与疾病的铁砧上锻炼；或是，目击同胞受着无名的
羞辱与劫难，而生活为之戕害，内心为之碎裂，他们永远
过着磨难的日子；他们固然由于毅力而成为伟大，可是也
由于灾患而成为伟大。所以不幸的人啊！切勿过于怨叹，
人类中最优秀的和你们同在。汲取他们的勇气做我们的养
料吧；倘使我们太弱，就把我们的头枕在他们膝上休息一
会吧。他们会安慰我们。在这些神圣的心灵中，有一股清
明的力和强烈的慈爱，像激流一般飞涌出来。甚至毋须探
询他们的作品或倾听他们的声音，就在他们的眼里、他们
的行述里，即可看到生命从没像处于患难时的那么伟大，
那么丰满，那么幸福。

在此英勇的队伍内，我把首席给予坚强与纯洁的贝多
芬。他在痛苦中间即曾祝望他的榜样能支持别的受难者：
"但愿不幸的人，看到一个与他同样不幸的遭难者、不顾自
然底阻碍，竭尽所能地成为一个不愧为人的人，而能借以自
慰。"经过了多少年超人的斗争与努力，克服了他的苦难，
完成了他所谓"向可怜的人类吹嘘勇气"的大业之后，这位
胜利的普罗曼德[3]，回答一个向他提及上帝的朋友时说道：
"噢，人啊，你当自助！"

我们对他这句豪语应当有所感悟。依着他的先例，我们

傅雷译作选

应当重新鼓起对生命对人类的信仰！

罗曼·罗兰

一九〇三年一月

注释：

1　作者另有《弥盖朗琪罗传》《托尔斯泰传》，皆与本书同列在"名人传"这总标题内。

2　一八九四至一九〇六年间，法国有一历史性的大冤狱，即史家所谓"特莱弗斯事件"。特莱弗斯大尉被诬通敌罪，判处苦役。一八九五年，陆军部秘密警察长发觉前案系罗织诬陷而成，竭力主张平反，致触怒军人，连带下狱。著名文豪左拉亦以主张正义而备受迫害，流亡英伦。迨一八九九年，特莱弗斯方获军事法庭更审，改判徒刑十年，复由大总统下令特赦。一九〇六年，特莱弗斯再由最高法院完全平反，撤消原判。毕加大佐为昭雪此冤狱之最初殉难者，故作者以之代表正义。——蒲尔民族为南非好望角一带的荷兰人，自维也纳会议，荷兰将好望角割让于英国后，英人虐待蒲尔人甚烈，卒激成一八九九至一九〇二年间的蒲尔战争。结果英国让步，南非联盟宣告成立，为英国自治领地之一。作者以之代表自由的火焰。

3　神话中的火神，人类文明最初的创造者。作者常用以譬喻贝多芬。

贝多芬传

竭力为善，爱自由甚于一切，即使为了王座，也永勿欺妄真理。

——贝多芬（一七九二年手册）

他短小臃肿，外表结实，生就运动家般的骨格。一张土红色的宽大的脸，到晚年才皮肤变得病态而黄黄的，尤其是冬天，当他关在室内远离田野的时候。额角隆起，宽广无比。乌黑的头发，异乎寻常地浓密，好似梳子从未在上面光临过，到处逆立，赛似"梅杜头上的乱蛇"[1]。眼中燃烧着一股奇异的威力，使所有见到他的人为之震慑；但大多数人不能分辨它们微妙的差别。因为在褐色而悲壮的脸上，这双眼睛射出一道犷野的光，所以大家总以为是黑的；其实却是灰蓝的[2]。平时又细小又深陷，兴奋或愤怒的时光才大张起来，在眼眶中旋转，那才奇妙地反映出它们真正的思想[3]。他往往用忧郁的目光向天凝视。宽大的鼻子又短又方，竟是狮子的相貌。一张细腻的嘴巴，但下唇常有比上唇前突的倾向。牙床结实得厉害，似乎可以磕破核桃。左边的下巴有一个深陷的小窝，使他的脸显得古怪地不对称。据莫希尔斯说：

141

"他的微笑是很美的，谈话之间有一副往往可爱而令人高兴的神气。但另一方面，他的笑却是不愉快的，粗野的，难看的，并且为时很短。"——那是一个不惯于欢乐的人的笑。他通常的表情是忧郁的，显示出"一种无可疗治的哀伤"。一八二五年，雷斯太勃说看见"他温柔的眼睛及其剧烈的痛苦"时，他需要竭尽全力才能止住眼泪。一年以后，勃罗姆·洪·勃隆太在一家酒店里遇见他，坐在一隅抽着一支长烟斗，闭着眼睛，那是他临死以前与日俱增的习惯。一个朋友向他说话。他悲哀地微笑，从袋里掏出一本小小的谈话手册，然后用着聋子惯有的尖锐的声音，教人家把要说的话写下来。——他的脸色时常变化，或是在钢琴上被人无意中撞见的时候，或是突然有所感应的时候，有时甚至在街上，使路人大为出惊。"脸上的肌肉突然隆起，血管膨胀；犷野的眼睛变得加倍可怕；嘴巴发抖；仿佛一个魔术家召来了妖魔而反被妖魔制服一般"，那是莎士比亚式的面目[4]。于里于斯·裴奈狄脱说他无异"李尔王"[5]。

鲁特维克·范·贝多芬，一七七〇年十二月十六日生于科隆附近的篷恩，一所破旧屋子的阁楼上。他的出身是弗拉芒族[6]。父亲是一个不聪明而酗酒的男高音歌手。母亲是女仆，一个厨子的女儿，初嫁男仆，夫死再嫁贝多芬的父亲。

艰苦的童年，不像莫扎尔德般享受过家庭的温情。一开始，人生于他就显得是一场悲惨而残暴的斗争。父亲想开拓他的音乐天分，把他当作神童一般炫耀。四岁时，他就被整天地钉在洋琴[7]前面，或和一架提琴一起关在家里，几乎被繁重的工作压死。他的不致永远厌恶这艺术总算是万幸的了。父亲不得不用暴力来迫使贝多芬学习。他少年时代就得操心经济问题，打算如何挣取每日的面包，那是来得过早的重任。十一岁，他加入戏院乐队；十三岁，他当大风琴手。一七八七年，他丧失了他热爱的母亲。"她对我那么仁慈，那么值得爱戴，我的最好的朋友！噢！当我能叫出母亲这甜蜜的名字而她能听见的时候，谁又比我更幸福？"[8]她是肺病死的；贝多芬自以为也染着同样的病症；他已常常感到痛楚，再加比病魔更残酷的忧郁[9]。十七岁，他做了一家之主，负着两个兄弟的教育之责；他不得不羞惭地要求父亲退休，因为他酗酒，不能主持门户：人家恐怕他浪费，把养老俸交给儿子收领。这些可悲的事实在他心上留下了深刻的创痕。他在篷恩的一个家庭里找到了一个亲切的依傍，便是他终身珍视的勃罗宁一家。可爱的爱莱奥诺·特·勃罗宁比他小二岁。他教她音乐，领她走上诗歌的路。她是他的童年伴侣；也许他们之间曾有相当温柔的情绪。后来爱莱奥诺嫁了韦该

143

勒医生，他也成为贝多芬的知己之一；直到最后，他们之间一直保持着恬静的友谊，那是从韦该勒、爱莱奥诺和贝多芬彼此的书信中可以看到的。[10]当三个人到了老年的时候，情爱格外动人，而心灵的年轻却又不减当年。

贝多芬的童年尽管如是悲惨，他对这个时代和消磨这时代的地方，永远保持着一种温柔而凄凉的回忆。不得不离开篷恩、几乎终身都住在轻佻的都城维也纳及其惨淡的近郊，他却从没忘记莱茵河畔的故乡，庄严的父性的大河，像他所称的"我们的父亲莱茵"；的确，它是那样地生动，几乎赋有人性似的，仿佛一颗巨大的灵魂，无数的思想与力量在其中流过；而且莱茵流域中也没有一个地方比细腻的篷恩更美、更雄壮、更温柔的了，它的浓荫密布、鲜花满地的坂坡，受着河流的冲击与抚爱。在此，贝多芬消磨了他最初的二十年；在此，形成了他少年心中的梦境，——慵懒地拂着水面的草原上，雾氛笼罩着的白杨、丛密的矮树、细柳和果树，把根须浸在静寂而湍急的水流里，——还有是村落、教堂、墓园、懒洋洋地睁着好奇的眼睛俯视两岸，——远远里，蓝色的七峰在天空画出严峻的侧影，上面矗立着废圮的古堡，显出一些瘦削而古怪的轮廓。他的心对于这个乡土是永久忠诚的；直到生命的终了，他老是想再见故园一面而不能如愿。"我的家乡，我出生的美丽的地方，在我眼前始终是那样地美，那样地明亮，和我离开它时毫无两样。"[11]

　　大革命爆发了，泛滥全欧，占据了贝多芬的心。篷恩大学是新思想的集中点。一七八九年五月十四日，贝多芬报名入学，听有名的奥洛葛·希那哀特讲德国文学，——他是未来的下莱茵州的检察官。当篷恩得悉巴斯蒂狱攻陷时，希那哀特在讲坛上朗诵一首慷慨激昂的诗，鼓起了学生们如醉如狂的热情[12]。次年，他又印行了一部革命诗集[13]。在预约者的名单中[14]，我们可以看到贝多芬和勃罗宁的名字。

　　一七九二年十一月，正当战事[15]蔓延到篷恩时，贝多芬离开了故乡，住到德意志的音乐首都维也纳[16]去。路上他遇见开向法国的黑森军队[17]。无疑地，他受着爱国情绪的鼓动，在一七九六与九七两年内，他把弗列特堡的战争诗谱成音乐：一阕是《行军曲》；一阕是《我们是伟大的德意志族》。但他尽管讴歌大革命底敌人也是徒然；大革命已征服了世界，征服了贝多芬。从一七九八年起，虽然奥国和法国的关系很紧张，贝多芬仍和法国人有亲密的往还，和使馆方面，和才到维也纳的裴那陶德[18]。在那些谈话里，他的拥护共和的情绪愈益肯定，在他以后的生活中，我们更可看到这股情绪的有力的发展。

145

这时代史丹霍塞替他画的肖像，把他当时的面目表现得相当准确。这一幅像之于贝多芬以后的肖像，无异葛冷的拿破仑肖像之于别的拿破仑像，那张严峻的脸，活现出波那帕脱充满着野心的火焰[19]。贝多芬在画上显得很年轻，似乎不到他的年纪，瘦削的，笔直的，高领使他头颈僵直，一副睥睨一切和紧张的目光。他知道他的意志所在；他相信自己的力量。一七九六年，他在笔记簿上写道："勇敢啊！虽然身体不行，我的天才终究会获胜……廿五岁！不是已经临到了吗？……就在这一年上，整个的人应当显示出来了[20]。"特·裴恩哈特夫人和葛林克说他很高傲，举止粗野，态度抑郁，带着非常强烈的内地口音。但他藏在这骄傲的笨拙之下的慈悲，唯有几个亲密的朋友知道。他写信给韦该勒叙述他的成功时，第一个念头是："譬如我看见一个朋友陷于窘境：倘若我的钱袋不够帮助他时，我只消坐在书桌前面；顷刻之间便解决了他的困难……他瞧这多美妙。"[21]随后他又道："我的艺术应当使可怜的人得益。"

然而痛苦已在叩门；它一朝住在他身上之后永远不再退隐。一七九六至一八〇〇年间，耳聋已开始它的酷刑[22]。耳朵日夜作响；他内脏也受剧烈的痛楚磨折。听觉越来越衰退。在好几年中他瞒着人家，连对最心爱的朋友们也不说；

他避免与人见面，使他的残废不致被人发现；他独自守着这可怕的秘密。但到一八〇一年，他不能再缄默了；他绝望地告诉两个朋友——韦该勒医生和阿芒达牧师：

"我的亲爱的、我的善良的、我的恳挚的阿芒达……我多祝望你能常在我身旁！你的贝多芬真是可怜已极。得知道我的最高贵的一部分，我的听觉，大大地衰退了。当我们同在一起时，我已觉得许多病象，我瞒着；但从此越来越恶劣……还会痊愈吗？我当然如此希望，可是非常渺茫；这一类的病是无药可治的。我得过着凄凉的生活，避免我心爱的一切人物，尤其是在这个如此可怜、如此自私的世界上！……我不得不在伤心的隐忍中找栖身！固然我曾发愿要超临这些祸害；但又如何可能？……"[23]

他写信给韦该勒时说："……我过着一种悲惨的生活。两年以来我躲避着一切交际，因为我不可能与人说话：我聋了。要是我干着别的职业，也许还可以；但在我的行当里，这是可怕的遭遇啊。我的敌人们又将怎么说，他们的数目又是相当可观！……在戏院里，我得坐在贴近乐队的地方，才能懂得演员的说话。我听不见乐器和歌唱的高音，假如我的座位稍远的话。……人家柔和地说话时，我勉强听到一些，人家高声叫喊时，我简直痛苦难忍……我时常诅咒我的生

147

命……普卢塔克[24]教我学习隐忍。我却愿和我的命运挑战，只要可能；但有些时候，我竟是上帝最可怜的造物……隐忍！多伤心的避难所！然而这是我唯一的出路！"[25]

这种悲剧式的愁苦，在当时一部分的作品里有所表现，例如《全集》卷十三的《悲怆朔拿大》（一七九九），尤其是《全集》卷十（一七九八）之三的朔拿大中的Largo。奇怪的是，并非所有的作品都带忧郁的情绪，还有许多乐曲，如欢悦的《七重奏》（一八〇〇）、明澈如水的《第一交响乐》（一八〇〇），都反映着一种青年人的天真。无疑地，要使心灵惯于愁苦也得相当的时间。它是那样地需要欢乐，当它实际没有欢乐时就自己来创造。当"现在"太残酷时，它就在"过去"中生活。往昔美妙的岁月，一下子是消灭不了的；它们不复存在时，光芒还会悠久地照耀。独自一人在维也纳遭难的辰光，贝多芬便隐遁在故园的忆念里；那时代他的思想都印着这种痕迹。《七重奏》内以变体曲（Variation）出现的Andante的主题，便是一支莱茵的歌谣。《第一交响乐》也是一件颂赞莱茵的作品，是青年人对着梦境微笑的诗歌。它是快乐的、慵懒的；其中有取悦于人的欲念和希望。但在某些段落内，在引子（Introduction）里，在低音乐器的明暗的对照里，在神圣的Scherzo里，我们何等感动地，在青春的脸上看到未来的天才底目光。那是鲍梯却梨[26]在《圣家庭》中所画的幼婴底眼睛，其中已可窥到他未来的悲剧[27]。

在这些肉体的痛苦之上，再加另外一种痛苦。韦该勒说他从没见过贝多芬不抱着一股剧烈的热情。这些爱情似乎永远是非常纯洁的。热情与欢娱之间毫无连带关系。现代的人们把这两者混为一谈，实在是他们全不知道何谓热情，也不知道热情之如何难得。贝多芬的心灵里多少有些清教徒气息；粗野的谈吐与思想，他是厌恶的；他对于爱情的神圣抱着毫无假借的观念。据说他不能原谅莫扎尔德，因为他不惜屈辱自己的天才去写《唐·裘安》[28]。他的密友兴特勒确言："他一生保着童贞，从未有何缺德需要忏悔。"这样的一个人是生来受爱情的欺骗，做爱情的牺牲品的。他的确如此。他不断地钟情，如醉如狂般地颠倒，他不断地梦想着幸福，然而立刻幻灭，随后是悲苦的煎熬。贝多芬最丰满的灵感，就当在这种时而热爱、时而骄傲地反抗的轮回中去探寻根源；直到相当的年龄，他的激昂的性格，才在凄恻的隐忍中趋于平静。

一八〇一年时，他热情的对象是琪丽哀太·琪却尔第，为他题赠那著名的《全集》卷廿七之二的《月光朔拿大》（一八〇二），而知名于世的[29]。他写信给韦该勒说："现在我

149

生活比较甜美，和人家来往也较多了些……这变化是一个亲爱的姑娘底魅力促成的；她爱我，我也爱她。这是两年来我初次遇到的幸运的日子。"[30]可是他为此付了很高的代价。第一，这段爱情使他格外感到自己的残废、境况的艰难，使他无法娶他所爱的人。其次，琪丽哀太是风骚的、稚气的、自私的，使贝多芬苦恼；一八〇三年十一月，她嫁了伽仑堡伯爵[31]。——这样的热情是摧残心灵的；而像贝多芬那样，心灵已因疾病而变得虚弱的时候，狂乱的情绪更有把它完全毁灭的危险。他一生就只是这一次，似乎到了颠蹶的关头；他经历着一个绝望的苦闷时期，只消读他那时写给兄弟卡尔与约翰的遗嘱便可知道，遗嘱上注明"等我死后开拆"[32]。这是惨痛之极的呼声，也是反抗的呼声。我们听着不由不充满着怜悯，他差不多要结束他的生命了。就只靠着他坚强的道德情操才把他止住[33]。他对病愈的最后的希望没有了。"连一向支持我的卓绝的勇气也消失了。噢神，给我一天真正的欢乐吧，就是一天也好！我没有听到欢乐底深远的声音已经多久！什么时候，噢！我的上帝，什么时候我再能和它相遇？……永远不？——不？——不，这太残酷了！"

这是临终的哀诉；可是贝多芬还活了二十五年。他的强毅的天性不能遇到磨难就屈服。"我的体力和智力突飞猛

150

进……我的青春，是的，我感到我的青春不过才开始。我窥见我不能加以肯定的目标，我每天都迫近它一些。……噢！如果我摆脱了这疾病，我将拥抱世界！……一些休息都没有！除了睡眠以外我不知还有什么休息；而可怜我对于睡眠不得不花费比从前更多的时间。但愿我能在疾病中解放出一半：那时候！……不，我受不了。我要扼住命运的咽喉。它决不能使我完全屈服……噢！能把人生活上千百次，真是多美！"[34]

这爱情，这痛苦，这意志，这时而颓丧时而骄傲的转换，这些内心的悲剧，都反映在一八〇二年的大作品里：附有葬曲的朔拿大（《全集》卷廿六）；俗称为《月光曲》的《幻想朔拿大》（《全集》卷廿七之二）；《全集》卷卅一之二的朔拿大，——其中戏剧式的吟诵体恍如一场伟大而凄惋的独白；题献亚历山大皇的提琴朔拿大（《全集》卷卅）；《克垲采朔拿大》（《全集》卷四十七）；依着伽兰尔脱的词句所谱的、六支悲壮惨痛的宗教歌（《全集》卷四十八）。至于一八〇三年的《第二交响乐》，却反映着他年少气盛的情爱；显然是他的意志占了优势。一种无可抵抗的力把忧郁的思想一扫而空。生命的沸腾掀起了乐曲的终局。贝多芬渴望幸福；不肯相信他无可救药的灾难；他渴望痊愈，渴望爱情，

151

他充满着希望[35]。

这些作品里有好几部，进行曲和战斗的节奏特别强烈。这在《第二交响乐》的 Allegro 与终局内已很显著，但尤其是献给亚历山大皇的朔拿大的第一章，更富于英武壮烈的气概。这种音乐所特有的战斗性，令人想起产生它的时代。大革命已经到了维也纳[36]。贝多芬被它煽动了。骑士塞弗烈特说："他在亲密的友人中间，很高兴地谈论政局，用着非常的聪明下判断，目光犀利而且明确。"他所有的同情都倾向于革命党人。在他生命晚期最熟知他的兴特勒说："他爱共和的原则。他主张无限制的自由与民族的独立……他渴望大家协力同心地建立国家的政府[37]……渴望法国实现普选，希望波那帕脱建立起这个制度来，替人类的幸福奠定基石。"他仿佛一个革命的古罗马人，受着普卢塔克的熏陶，梦想着一个英雄的共和国，由胜利之神建立的：而所谓胜利之神便是法国的首席执政；于是他接连写下《英雄交响乐：波那帕脱》（一八〇四）[38]，帝国的史诗；和《第五交响乐》（一八〇五——一八〇八）的终局，光荣底叙事歌。第一阕真正革命的音乐时代之魂在其中复活了，那么强烈，那么纯洁，因为当代巨大的变故在孤独的巨人心中是显得强烈与纯洁的，这种印象即和现实接触之下也不会减损分毫。贝多芬的面目，似

152

乎都受着这些历史战争的反映。在当时的作品里，到处都有它们的踪影，也许作者自己不曾觉察，在《高丽奥朗序曲》（一八〇七）内，有狂风暴雨在呼啸，《第四四重奏》（《全集》卷十八）的第一章，和上述的序曲非常相似；《热情朔拿大》（《全集》卷五十七—— 一八〇四），俾斯麦曾经说过："倘我常常听到它，我的勇气将永远不竭。"[39]还有《哀格蒙》，甚至《降 E 调钢琴合奏曲》（《全集》卷七十三—— 一八〇九），其中炫耀技巧的部分都是壮烈的，仿佛有人马奔突之势。——而这也不足为怪。在贝多芬写《全集》卷廿六朔拿大中的"英雄葬曲"时，比《英雄交响乐》的主人翁更配他讴歌的英雄——奥许将军，正战死在莱茵河畔，他的纪念像至今还屹立在科布楞兹与篷恩之间的山岗上，——即使当时贝多芬不曾知道这件事实，但他在维也纳已目击两次革命的胜利[40]。一八〇五年十一月，当《斐但丽奥》[41]初次上演时，在座的便是法国军佐。于冷将军，巴斯蒂狱的胜利者，住在洛勃高维兹家里[42]，做着贝多芬的朋友兼保护人，受着他《英雄交响乐》与《第五交响乐》的题赠。一八〇九年五月十日，拿破仑驻节在勋勃洛[43]。不久贝多芬便厌恶法国的征略者。但他对于法国人史诗般的狂热，依旧很清楚地感觉到；所以凡是不能像他那样感觉的人，对于他这种行动

153

与胜利底音乐决不能彻底了解。

贝多芬突然中止了他的《第五交响乐》，不经过惯有的拟稿手续，一口气写下了《第四交响乐》。幸福在他眼前显现了。一八〇六年五月，他和丹兰士·特·勃仑斯维克订了婚[44]。她老早就爱上他。从贝多芬卜居维也纳的初期，和她的哥哥法朗梭阿伯爵为友，她还是一个小姑娘，跟着贝多芬学钢琴时起，就爱他的。一八〇六年，他在他们匈牙利的玛东伐萨家里做客，在那里他们才相爱起来。关于这些幸福的日子的回忆，还保存在丹兰士·特·勃仑斯维克的一部分叙述里。她说："一个星期日的晚上，用过了晚餐，在月光下贝多芬坐在钢琴前面。先是他放平着手指在键盘上来回抚弄。我和法朗梭阿都知道他这种习惯。他往往是这样开场的。随后他在低音部分奏了几个和弦；接着，慢慢地，他用一种神秘的庄严的神气，奏着赛白斯打·罢哈的一支歌：'若愿素心相赠，无妨悄悄相传；两情脉脉，勿为人知。'[45]

"母亲和教士都已就寝[46]；哥哥严肃地凝眸睇视着；我的心被他的歌和目光渗透了，感到生命的丰满。——明天早上，我们在园中相遇。他对我说：'我正在写一本歌剧。主要的人物在我心中，在我面前，不论我到什么地方，停留在什么地方，他总和我同在。我从没到过这般崇高的境界。一切都是光明和纯洁。在此以前，我只像童话里的孩子，只管捡取石子，而不看见路上美艳的鲜花……'一八〇六年五月，只获得我最亲爱的哥哥的同意，我和他订了婚。"

这一年所写的《第四交响乐》，是一朵精纯的花，蕴藏着他一生比较平静的日子底香味。人家说："贝多芬那时竭力要把他的天才，和一般人在前辈大师留下的形式中所认识与爱好的东西，加以调和。"[47]这是不错的。同样渊源于爱情的妥协精神，对他的举动和生活方式也发生了影响。塞弗烈特和葛里巴扎[48]说他兴致很好，心灵活跃，处世接物彬彬有礼，对可厌的人也肯忍耐，穿着很讲究；而且他巧妙地瞒着大家，甚至令人不觉得他耳聋；他们说他身体很好，除了目光有些近视之外[49]。在曼勒替他画的肖像上，我们也可看到一种浪漫底克的风雅，微微有些不自然的神情。贝多芬要博人欢心，并且知道已经博得人家欢心。猛狮在恋爱中：它的利爪藏起来了。但在他的眼睛深处，甚至在《第四交响乐》的幻梦与温柔的情调之下，我们仍能感到那股可怕的力、任性的脾气、突发的愤怒。

这种深邃的和平并不持久；但爱情底美好的影响一直保存到一八一〇年。无疑是靠了这个影响，贝多芬才获得自主

155

力，使他的天才产生了最完满的果实，例如那古典的悲剧——《第五交响乐》；那夏日底神明的梦——《田园交响乐》（一八〇八）[50]；还有他自认为他朔拿大中最有力的，从莎士比亚的《狂风暴雨》感悟得来的[51]《热情朔拿大》（一八〇七），为他题献给丹兰士的。《全集》卷七十八的富于幻梦与神秘气息的朔拿大（一八〇九），也是献给丹兰士的。写给"不朽的爱人"的一封没有日期的信，所表现的他的爱情的热烈，也不下于《热情朔拿大》：

"我的天使，我的一切，我的我……我心头装满了和你说不尽的话……啊！不论我在哪里，你总和我同在……当我想到你星期日以前不能接到我初次的消息时，我哭了。——我爱你，像你的爱我一样，但还要强得多……啊！天哪！——没有了你是怎样的生活啊！——咫尺，天涯。——……我的不朽的爱人，我的思念一齐奔向你，有时是快乐的，随后是悲哀的，问着命运，问它是否还有接受我们的愿望的一天。——我只能同你在一起过活，否则我就活不了……永远无人再能占有我的心。永远！——永远！——噢上帝！为何人们相爱时要分离呢？可是我现在的生活是忧苦的生活。你的爱使我同时成为最幸福和最苦恼的人。——安静吧……安静——爱我呀！——今天，——昨天，——多少热烈的憧憬，多少的眼泪对你，——你，——你，——我的生命——我的一切！——别了！——噢！继续爱我呀，——永勿误解你亲爱的 L 的心。——永久是你的——永久是我的——永远是我们的。"[52]

什么神秘的理由，阻挠着这一对相爱的人底幸福？——也许是没有财产、地位的不同。也许贝多芬对人家要他长时期的等待，要他把这段爱情保守秘密，感到屈辱而表示反抗。

也许以他暴烈、多病、憎恨人类的性情，无形中使他的爱人受难，而他自己又因之感到绝望。——婚约毁了；然而两人中间似乎没有一个忘却这段爱情。直到她生命的最后一刻[53]，丹兰士·特·勃仑斯维克还爱着贝多芬。

一八一六年时贝多芬说："当我想到她时，我的心仍和第一天见到她时跳得一样地剧烈。"同年，他制作六阕"献给遥远的爱人"的歌。他在笔记内写道："我一见到这个美妙的造物，我的心情就泛滥起来，可是她并不在此，并不在我旁边！"——丹兰士曾把她的肖像赠与贝多芬，题着："给稀有的天才、伟大的艺术家、善良的人。T. B."[54]在贝多芬晚年，一位朋友无意中撞见他独自拥抱着这幅肖像，哭着，高声地自言自语着（这是他的习惯）："你这样地美，这样地

157

伟大，和天使一样！"朋友退了出去，过了一忽再进去，看见他在弹琴，便对他说："今天，我的朋友，你脸上全无可怕的气色。"贝多芬答道："因为我的好天使来访问过我了。"——创伤深深地铭刻在他心上。他自己说："可怜的贝多芬，此世没有你的幸福。只有在理想的境界里才能找到你的朋友。"[55]

他在笔记上又写着："屈服，深深地向你的运命屈服：你不复能为你自己而存在，只能为着旁人而存在；为你，只在你的艺术里才有幸福。噢上帝！给我勇气让我征服我自己！"

爱情把他遗弃了。一八一〇年，他重又变得孤独；但光荣已经来到，他也显然感到自己的威力。他正当盛年[56]。他完全放纵他的暴烈与粗犷的性情，对于社会，对于习俗，对于旁人的意见，对一切都不顾虑。他还有什么需要畏惧，需要敷衍？爱情，没有了；野心，没有了。所剩下的只有力，力底欢乐，需要应用它，甚至滥用它。"力，这才是和寻常人不同的人底精神！"他重复不修边幅，举止也愈加放肆。他知道他有权可以言所欲言，即对世间最大的人物亦然如此。"除了仁慈以外，我不承认还有什么优越底标记。"这是他一八一二年七月十七日所写的说话[57]。裴蒂娜·勃朗太诺[58]那时看见他，说"没有一个帝皇对于自己的力有他这样坚强的意识"。她被他的威力慑伏了，写信给歌德时说道："当我初次看见他时，整个世界在我面前消失了，贝多芬使我忘记了世界，甚至忘记了你，噢歌德！……我敢断言这个人物远远地走在现代文明之前，而我相信我这句话是不错的。"[59]

歌德设法要认识贝多芬。一八一二年，终于他们在波希米的浴场托帕列兹地方相遇，结果却不很投机。贝多芬热烈佩服着歌德的天才[60]；但他过于自由和过于暴烈的性格，不能和歌德的性格融和，而不免于伤害他。他曾叙述他们一同散步的情景，当时这位骄傲的共和党人，把威玛大公的枢密参赞[61]教训了一顿，使歌德永远不能原谅。

"君王与公卿尽可造成教授与机要参赞，尽可赏赐他们头衔与勋章；但他们不能造成伟大的人物，不能造成超临庸俗社会的心灵；……而当像我和歌德这样两个人在一起时，这般君侯贵胄应当感到我们的伟大。——昨天，我们在归路上遇见全体的皇族[62]。我们远远里就已看见。歌德挣脱了我的手臂，站在大路一旁。我徒然对他说尽我所有的话，不能使他再走一步。于是我按了一按帽子，扣上外衣的钮子，背

159

着手，望最密的人丛中撞去。亲王与近臣密密层层；太子洛道夫[63]对我脱帽；皇后先对我照呼。——那些大人先生是认得我的。——为了好玩起计，我看着这队人马在歌德面前经过。他站在路边上，深深地弯着腰，帽子拿在手里。事后我大大地教训了他一顿，毫不同他客气。……"[64]

而歌德也没有忘记[65]。

《第七交响乐》和《第八交响乐》便是这时代的作品，就是说一八一二年在托帕列兹写的：前者是节奏底大祭乐，后者是诙谐的交响曲，他在这两件作品内也许最是自在，像他自己所说的，最是"尽量"，那种快乐与狂乱底激动，出其不意的对比，使人错愕的夸大的机智，巨人式的、使歌德与采尔脱惶骇的爆发[66]，使德国北部流行着一种说数，说《第七交响乐》是一个酒徒的作品。——不错，是一个沉醉的人的作品，但也是力和天才的产物。

他自己也说："我是替人类酿制醇醪的酒神。是我给人以精神上至高的热狂。"

我不知他是否真如华葛耐所说的，想在《第七交响乐》的终局内描写一个酒神底庆祝会[67]。在这阕豪放的乡村节会音乐中，我特别看到他弗拉芒族的遗传；同样，在以纪律和服从为尚的国家，他的肆无忌惮的举止谈吐，也是渊源于他自身的血统。不论在哪一件作品里，都没有《第七交响乐》有那么坦白、那么自由的力。这是无目的地，单为了娱乐而浪费着超人的精力，宛如一条洋溢泛滥的河底欢乐。在《第八交响乐》内，力量固没有这样地夸大，但更加奇特，更表现出作者的特点，交融着悲剧与滑稽、力士般的刚强和儿童般的任性[68]。

一八一四年是贝多芬幸运底顶点。在维也纳会议中，人家看他作欧罗巴底光荣。他在庆祝会中非常活跃。亲王们向他致敬；像他自己高傲地向兴特勒所说的，他听任他们追逐。

他受着独立战争的鼓动[69]。一八一三年，他写了一阕《威灵吞战胜交响乐》；一八一四年初，写了一阕战士的合唱——《德意志的再生》；一八一四年十一月廿九日，他在许多君王前面指挥一支爱国歌曲——《光荣的时节》；一八一五年，他为攻陷巴黎[70]写一曲合唱——《大功告成》。这些应时的作品，比他一切旁的音乐更能增加他的声名。勃拉息斯·赫弗尔依着法朗梭阿·勒德龙的素描所作的木刻，和一八一三年法朗兹·克冷塑的脸型（Masque），活泼泼地表显出贝多芬在维也纳会议时的面貌。狮子般的脸上，牙床紧咬着，刻画着愤怒与苦恼的皱痕，但表现得最明显的性格是他

161

的意志，早年拿破仑式的意志："可惜我在战争里不像在音乐中那么内行！否则我将战败他！"

但是他的王国不在此世，像他写信给法朗梭阿·特·勃仑斯维克时所说的："我的王国是在天空。"[71]

在此光荣的时间以后，接踵而来的是最悲惨的时期。

维也纳从未对贝多芬抱有好感。像他那样一个高傲而独立的天才，在此轻佻浮华、为华葛耐所痛恶的都城里是不得人心的[72]。他抓住可以离开维也纳的每个机会；一八〇八年，他很想脱离奥国，到威斯发里亚王奚洛姆·波那帕脱的宫廷里去[73]。但维也纳的音乐泉源是那么丰富，我们也不该抹煞那边常有一般高贵的鉴赏家，感到贝多芬之伟大，不肯使国家蒙受丧失这天才之羞。一八〇九年，维也纳三个富有的贵族——贝多芬的学生洛道夫太子、洛勃高维兹亲王、凯斯基亲王，答应致送他四千弗洛冷[74]的年俸，只要他肯留在奥国。他们说："显然一个人只在没有经济烦虑的时候才能整个地献身于艺术，才能产生这些崇高的作品为艺术增光，所以我们决意使鲁特维克·范·贝多芬获得物质的保障，避免一切足以妨害他天才发展的阻碍。"

不幸结果与诺言不符。这笔津贴并未付足；不久又完全停止。且从一八一四年维也纳会议起，维也纳的性格也转变了。社会的目光从艺术移到政治方面，音乐口味被意大利作风败坏了，时尚所趋的是洛西尼，把贝多芬视为迂腐[75]。贝多芬的朋友与保护人，分散的分散，死亡的死亡：凯斯基亲王死于一八一二，李区诺斯基亲王死于一八一四，洛勃高维兹死于一八一六。受贝多芬题赠《全集》卷五十九的美丽的四重奏的拉苏莫斯基，在一八一五年举办了最后的一次音乐会。同年，贝多芬和童年的朋友，爱莱奥诺的哥哥，斯丹芬·洪·勃鲁宁失和[76]。从此他孤独了[77]。在一八一六年的笔记上，他写道："没有朋友，孤零零地在世界上。"

耳朵完全聋了[78]。从一八一五年秋天起，他和人们只有笔上的往还。最早的谈话手册是一八一六年的[79]。关于一八二二年《斐但丽奥》预奏会的经过，有兴特勒的一段惨痛的记述可按。

"贝多芬要求亲自指挥最后一次的预奏……从第一幕的二部唱起，显而易见他全没听见台上的歌唱。他把乐曲的进行延缓很多；当乐队跟着他的指挥棒进行时，台上的歌手自顾自地匆匆向前。结果是全局都紊乱了。经常的乐队指挥翁洛夫，不说明什么理由，提议休息一会，和歌唱者交换了几句说话之后，大家重新开始。同样的紊乱又发生了。不得不

163

再休息一次。在贝多芬指挥之下，无疑是干不下去的了；但怎样使他懂得呢？没有一个人有心肠对他说：'走吧，可怜虫，你不能指挥了。'贝多芬不安起来，骚动之余，东张西望，想从不同的脸上猜出症结所在。可是大家都默不作声。他突然用命令的口吻呼唤我。我走近时，他把谈话手册授给我，示意我写。我便写着：'恳求您勿再继续，等回去再告诉您理由。'于是他一跃下台，对我嚷道：'快走!'他一口气跑回家里；进去，一动不动地倒在便榻上，双手捧着他的脸；他这样一直到晚饭时分。用餐时他一言不发，保持着最深刻的痛苦的表情。晚饭以后，当我想告别时，他留着我，表示不愿独自在家。等到我们分手的辰光，他要我陪着去看医生，以耳科出名的……在我和贝多芬的全部交谊中，没有一天可和这十一月里致命的一天相比。他心坎里受了伤，至死不曾忘记这可怕的一幕的印象。"[80]

两年以后，一八二四年五月七日，他指挥着（或更准确地，像节目单上所注明的"参与指挥事宜"）《合唱交响乐》[81]时，他全没听见全场一致的彩声；他丝毫不曾觉察，直到一个女歌唱员牵着他的手，把他面对着群众时，他才突然看见全场起立，挥舞着帽子，向他鼓掌。——一个英国游历家罗塞尔，一八二五年时看见过他弹琴，说当他要表现柔和的时候，琴键不会发声，在这静寂中看着他情绪激动的神气，脸部和手指都抽搐起来，真是令人感动。

隐遁在自己的内心生活里，和其余的人类隔绝着[82]，他只有在自然中觅得些许安慰。丹兰士·勃仑斯维克说："自然是他唯一的知己。"它成为他的托庇所。一八一五年时认识他的查理·纳德，说他从未见过一个人像他这样地爱花木、云彩、自然……他似乎靠着自然而生活[83]。贝多芬写道："世界上没有一个人像我这样地爱田野……我爱一株树甚于爱一个人……"在维也纳时，每天他沿着城墙绕一个圈子。在乡间，从黎明到黑夜，他独自在外散步，不戴帽子，冒着太阳，冒着风雨。"全能的上帝！——在森林中我快乐了，——在森林中我快乐了，——每株树都传达着你的声音。——天哪！何等地神奇！——在这些树林里，在这些岗峦上，——一片宁谧，——供你役使的宁谧。"

他的精神的骚乱在自然中获得了一些苏慰[84]。他为金钱的烦虑弄得困惫不堪。一八一八年时他写道："我差不多到了行乞的地步，而我还得装着日常生活并不艰窘的神气。"此外他又说："《全集》卷一○六的朔拿大是在紧急情况中写的。要以工作来换取面包实在是一件苦事。"斯普尔[85]说他往往不能出门，为了靴子洞穿之故。他对出版商负着重债，而

165

作品又卖不出钱。《D调弥撒祭乐》发售预约时，只有七个预约者，其中没有一个是音乐家[86]。他全部美妙的朔拿大，——每曲都得花费他三个月的工作，——只给他挣了三十至四十杜加[87]。伽列青亲王要他制作的四重奏（《全集》卷一二七、一三〇、一三二），也许是他作品中最深刻的，仿佛用血泪写成的，结果是一文都不曾拿到。把贝多芬煎熬完的是日常的窘况、无穷尽的讼案，或是要人家履行津贴的诺言，或是为争取侄儿的监护权，因为他的兄弟卡尔于一八一五年死于肺病，遗下一个儿子。

他心坎间洋溢着的温情全部灌注在这个孩子身上。这儿又是残酷的痛苦等待着他。仿佛是境遇的好意，特意替他不断地供给并增加苦难，使他的天才不致缺乏营养。——他先是要和他那个不入流品的弟妇争他的小卡尔，他写道：

"噢我的上帝，我的城墙，我的防卫，我唯一的托庇所！我的心灵深处，你是一览无余的，我使那些和我争夺卡尔的人受苦时，我的苦痛，你是鉴临的[88]。请你听我呀，我不知如何称呼你的神灵！请你接受我热烈的祈求，我是你造物之中最不幸的可怜虫。"

"噢神哪！救救我吧！你瞧，我被全人类遗弃，因为我不愿和不义妥协！接受我的祈求吧，让我，至少在将来，能和我的卡尔一起过活！……噢残酷的命运，不可摇撼的命运！不，不，我的苦难永无终了之日！"

然后，这个热烈地被爱的侄子，显得并不配受伯父的信任。贝多芬给他的书信是痛苦的、愤慨的，宛如弥盖朗琪罗给他的兄弟们的信，但是更天真更动人：

"我还得再受一次最卑下的无情义底酬报吗？也罢，如果我们之间的关系要破裂，就让它破裂吧！一切公正的人知道这回事以后，都将恨你……如果连系我们的约束使你不堪担受，那么凭着上帝的名字——但愿一切都照着他的意志实现！——我把你交给至圣至高的神明了，我已尽了我所有的力量，我敢站在最高的审判之前……[89]

"像你这样娇养坏的孩子，学一学真诚与朴实决计于你无害；你对我的虚伪的行为，使我的心太痛苦了，难以忘怀……上帝可以作证，我只想跑到千里之外，远离你，远离这可怜的兄弟和这丑恶的家庭……我不能再信任你了。"下面的署名是："不幸的是：你的父亲，——或更好：不是你的父亲。"[90]

但宽恕立刻接踵而至：

"我亲爱的儿子！——一句话也不必再说，——到我臂抱里来吧，你不会听到一句严厉的说话……我将用同样的爱

167

接待你。如何安排你的前程，我们将友善地一同商量。——我以荣誉为担保，决无责备的言辞！那是毫无用处的。你能期待于我的只有殷勤和最亲切的帮助。——来吧——来到你父亲的忠诚的心上。——来吧，一接到信立刻回家吧。"（在信封上又用法文写着："如果你不来，我定将为你而死。"）[91]

他又哀求道："别说谎，永远做我最亲爱的儿子！如果你用虚伪来报答我，像人家使我相信的那样，那真是何等丑恶何等刺耳！……别了，我虽不曾生下你来，但的确抚养过你，而且竭尽所能地培植过你精神的发展，现在我用着有甚于父爱的情爱，从心坎里求你走上善良与正直底唯一的大路。你的忠诚的老父。"[92]

这个并不缺少聪明的侄儿，贝多芬本想把他领上高等教育的路，然而替他筹划了无数美妙的前程之梦以后，不得不答应他去习商。但卡尔出入赌场，负了不少债务。

由于一种可悲的怪现象，比人们想象中更为多见的怪现象，伯父的精神底伟大，对侄儿非但无益，而且有害，使他恼怒，使他反抗，如他自己所说的："因为伯父要我上进，所以我变得更下流。"这种可怕的说话，活活显出这个浪子的灵魂。他甚至在一八二六年时在自己头上打了一枪。然而他并不死，倒是贝多芬几乎因之送命：他为这件事情所受的难堪，永远无法摆脱。[93]卡尔痊愈了；他自始至终使伯父受苦，而对于这伯父之死，也未始没有关系；贝多芬临终的时候，他竟没有在场。——几年以前，贝多芬写给侄子的信中说："上帝从没遗弃我。将来终有人来替我阖上眼睛。"——然而替他阖上眼睛的，竟不是他称为"儿子"的人。

在此悲苦的深渊里，贝多芬从事于讴歌欢乐。

这是他毕生的计划。从一七九三年他在篷恩时起就有这个念头[94]。他一生要歌唱欢乐，把这歌唱作为他某一大作品底结局。颂歌的形式，以及放在哪一部作品里这些问题，他踌躇了一生。即在《第九交响乐》内，他也不曾打定主意。直到最后一刻，他还想把欢乐颂歌留下来，放在第十或第十一的交响乐中去。我们应当注意《第九交响乐》的原题，并非今日大家所习用的《合唱交响乐》，而是《以欢乐颂歌的合唱为结局的交响乐》。《第九交响乐》可能而且应该有另外一种结束。一八二三年七月，贝多芬还想给它以一个器乐的结束，这一段结束，他以后用在《全集》卷一三二的四重奏内。邱尼和仲拉哀脱纳确言，即在演奏过后（一八二四年五月），贝多芬还未放弃改用器乐结束的意思。

要在一阕交响乐内引进合唱，有极大的技术上的困难，这是可从贝多芬的稿本上看到的，他做过许多试验，想用别

169

种方式，并在这件作品底别的段落引进合唱。在 Adagio 的第二主题的稿本上，他写道："也许合唱在此可以很适当地开始。"但他不能毅然决然地和他忠诚的乐队分手。他说："当我发现一个乐思的时候，我总是听见乐器的声音，从未听见人声。"所以他把运用歌唱的时间尽量延宕；甚至先把主题交给器乐来奏出，不但终局的吟诵体为然[95]，连"欢乐"的主题亦是如此。

对于这些延缓和踌躇的解释，我们还得更进一步：它们还有更深刻的原因。这个不幸的人永远受着忧患磨折，永远想讴歌"欢乐"之美；然而年复一年，他延宕着这桩事业，因为他老是卷在热情与哀伤的旋涡内。直到生命的最后一日他才完成了心愿，可是完成的时候是何等地伟大！

当欢乐底主题初次出现时，乐队忽然中止；出其不意的一片静默；这使歌唱底开始带着一种神秘与神明的气概。而这是不错的：这个主题的确是一个神明。"欢乐"自天而降，被包裹在非现实的宁静中间：它用柔和的气息抚慰着痛苦；而它溜滑到大病初愈的人的心坎中时，第一下的抚摩又是那么温柔，令人如贝多芬的那个朋友一样，禁不住因"看到他柔和的眼睛而为之下泪"。当主题接着过渡到人声上去时，先由低音表现，带着一种严肃而受压迫的情调。慢慢地，

"欢乐"抓住了生命。这是一种征服，一场对痛苦的斗争。然后是进行曲的节奏，浩浩荡荡的军队，男高音热烈急促的歌，在这些沸腾的乐章内，我们可以听到贝多芬的气息、他的呼吸，与他受着感应的呼喊底节奏，活现出他在田野间奔驰，作着他的乐曲，受着醉如狂的激情鼓动，宛如大雷雨中的李尔老王。在战争的欢乐之后，是宗教的醉意；随后又是神圣的宴会，又是爱的兴奋。整个的人类向天张着手臂，大声疾呼地扑向"欢乐"，把它紧紧地搂在怀里。

巨人的巨著终于战胜了群众的庸俗。维也纳轻浮的风气，被它震撼了一刹那，这都城当时是完全在洛西尼与意大利歌剧的势力之下的。贝多芬颓丧忧郁之余，正想移居伦敦，到那边去演奏《第九交响乐》。像一八○九年一样，几个高贵的朋友又来求他不要离开祖国。他们说："我们知道您完成了一部新的圣乐[96]，表现着您深邃的信心感应给您的情操。渗透着您的心灵的超现实的光明，照耀着这件作品。我们也知道您的伟大的交响乐底王冠上，又添了一朵不朽的鲜花……您近几年来的沉默，使一切关注您的人为之凄然[97]。大家都悲哀地想到，正当外国音乐移植到我们的土地上，令人遗忘德国艺术的产物之时，我们的天才，在人类中占有那么崇高的地位的，竟默默无一言。……唯有在您身上，整个的

171

民族期待着新生命、新光荣，不顾时下的风气而建立起真与美的新时代……但愿您能使我们的希望不久实现……但愿靠了您的天才，将来的春天，对于我们，对于人类，加倍地繁荣！"[98]这封慷慨陈辞的信，证明贝多芬在德国的优秀阶级中所享有的声威，不但是艺术方面的，而且是道德方面的。他的崇拜者称颂他的天才时，所想到的第一个字既非学术，亦非艺术，而是"信仰"[99]。

贝多芬被这些言辞感动了，决意留下。一八二四年五月七日，在维也纳举行《D调弥撒祭乐》和《第九交响乐》的第一次演奏会，获得空前的成功。情况之热烈，几乎含有暴动的性质。当贝多芬出场时，受到群众五次鼓掌的欢迎；在此讲究礼节的国家，对皇族的出场，习惯也只用三次的鼓掌礼。因此警察不得不出而干涉。交响乐引起狂热的骚动。许多人哭起来。贝多芬在终场以后感动得晕去；大家把他抬到兴特勒家，他蒙蒙眬眬地和衣睡着，不饮不食，直到次日早上。可是胜利是暂时的，对贝多芬毫无盈利。音乐会不曾给他挣什么钱。物质生活的窘迫依然如故。他贫病交迫[100]，孤独无依，可是战胜了[101]：战胜了人类的平庸，战胜了他自己的命运，战胜了他的痛苦。

"牺牲，永远把一切人生底愚昧为你的艺术去牺牲！艺术，这是高于一切的上帝！"

因此他已达到了终身想望的目标。他已抓住欢乐。但在这控制着暴风雨的心灵高峰上，他是否能长此逗留？——当然，他还得不时堕入往昔的怆痛里。当然，他最后的几部四重奏里充满着异样的阴影。可是《第九交响乐》底胜利，似乎在贝多芬心中已留下它光荣的标记。他未来的计划是[102]：《第十交响乐》[103]，《纪念罢哈的前奏曲》，为葛里巴扎的《曼吕西纳》谱的音乐[104]，为高纳的《奥特赛》、歌德的《浮士德》谱的音乐[105]，《大卫与扫罗的祭神剧》。这些都表示他的精神倾向于德国古代大师的清明恬静之境：罢哈与亨特尔——尤其是倾向于南方，法国南部，或他梦想要去游历的意大利[106]。

史比勒医生于一八二六年看见他，说他气色变得快乐而旺盛了。同年，当葛里巴扎最后一次和他晤面时，倒是贝多芬来鼓励这颓丧的诗人："啊，他说，要是我能有千分之一的你的体力和强毅的话！"时代是艰苦的。专制政治的反动，压迫着思想界。葛里巴扎呻吟道："言论检查把我杀害了。倘使一个人要言论自由，思想自由，就得往北美洲去。"但没有一种权力能钳制贝多芬的思想。诗人克夫纳写信给他

173

说："文字是被束缚了；幸而声音还是自由的。"贝多芬是伟大的自由之声，也许是当时德意志思想界唯一的自由之声。他自己也感到。他时常提起，他的责任是把他的艺术来奉献于"可怜的人类""将来的人类"，为他们造福利，给他们勇气，唤醒他们的迷梦，斥责他们的懦怯。他写信给侄子说："我们的时代，需要有力的心灵把这些可怜的人群加以鞭策。"一八二七年，米勒医生说"贝多芬对于政府、警察、贵族，永远自由发表意见，甚至在公众前面也是如此[107]。警察当局明明知道，但对他的批评和嘲讽认为无害的梦呓，因此也就让这个光芒四射的天才太平无事"。[108]

因此，什么都不能使这股不可驯服的力量屈膝。如今它似乎玩弄痛苦了。在此最后几年中所写的音乐，虽然环境恶劣[109]，往往有一副簇新的面目，嘲弄的，睥睨一切的，快乐的。他逝世以前四个月，在一八二六年十一月完成的作品，《全集》一三〇的四重奏底新的结束是非常轻快的。实在这种快乐并非一般人所有的那种。时而是莫希尔斯所说的嬉笑怒骂；时而是战胜了如许痛苦以后的动人的微笑。总之，他是战胜了。他不相信死。

然而死终于来了。一八二六年十一月终，他得着肋膜炎性的感冒；为侄子奔走前程而旅行回来，他在维也纳病倒了[110]。朋友都在远方。他打发侄儿去找医生。据说这麻木不仁的家伙竟忘记了使命，两天之后才重新想起来。医生来得太迟，而且治疗得很恶劣。三个月内，他运动家般的体格和病魔挣扎着。一八二七年一月三日，他把至爱的侄儿立为正式的承继人。他想到莱茵河畔的亲爱的友人，写信给韦该勒说："我多想和你谈谈！但我身体太弱了，除了在心里拥抱你和你的洛亨[111]以外，我什么都无能为力了。"要不是几个豪侠的英国朋友，贫穷的苦难几乎笼罩到他生命的最后一刻。他变得非常柔和，非常忍耐[112]。一八二七年二月十七日，躺在弥留的床上，经过了三次手术以后，等待着第四次[113]，他在等待期间还安详地说："我耐着性子，想道：一切灾难都带来几分善。"

这个善，是解脱，是像他临终时所说的"喜剧底终场"，——我们却说是他一生悲剧底终场。

他在大风雨中，大风雪中，一声响雷中，咽了最后一口气。一只陌生的手替他阖上了眼睛（一八二七年三月二十六日）[114]。

亲爱的贝多芬！多少人已颂赞过他艺术上的伟大。但他远不只是音乐家中的第一人，而且是近代艺术底最英勇的

175

力。对于一般受苦而奋斗的人，他是最大而最好的朋友。当我们对着世界的劫难感到忧伤时，他会到我们身旁来，好似坐在一个穿着丧服的母亲旁边，一言不发，在琴上唱着他隐忍的悲歌，安慰那哭泣的人。当我们对德与恶底庸俗，斗争到疲惫的辰光，到此意志与信仰底海洋中浸润一下，将获得无可言喻的神益。他分赠我们的是一股勇气，一种奋斗底欢乐[115]，一种感到与神同在的醉意。仿佛在他和大自然不息的沟通之下[116]，他竟感染了自然底深邃的力。葛里巴扎对贝多芬是钦佩之中含有惧意的，在提及他时说："他所到达的那种境界，艺术竟和犷野与古怪的原子混合为一。"舒芒提到《第五交响乐》时也说："尽管你时常听到它，它对你始终有一股不变的威力，有如自然界的现象，虽然时时发生，总教人充满着恐惧与惊异。"他的密友兴特勒说："他抓住了大自然底精神。"——这是不错的：贝多芬是自然界底一股力；一种原始的力和大自然其余的部分接战之下，便产生了荷马史诗般的壮观。

他的一生宛如一天雷雨的日子。——先是一个明净如水的早晨，仅仅有几阵懒懒的微风。但在静止的空气中，已经有隐隐的威胁、沉重的预感。然后，突然之间巨大的阴影卷过，悲壮的雷吼，充满着声响的、可怖的静默，一阵复一阵的狂风，《英雄交响乐》与《第五交响乐》。然而白日底清纯之气尚未受到损害。欢乐依然是欢乐，悲哀永远保存着一缕希望。但自一八一〇年后，心灵底均衡丧失了。日光变得异样。最清楚的思想，也看来似乎水汽一般在升化：忽而四散，忽而凝聚，它们的又凄凉又古怪的骚动，罩住了心；往往乐思在薄雾之中浮沉了一二次以后，完全消失了，淹没了，直到曲终才在一阵狂飙中重新出现。即是快乐本身也蒙上苦涩与犷野的性质。所有的情操里都混和着一种热病，一种毒素[117]。黄昏将临，雷雨也随着酝酿。然后是沉重的云，饱蓄着闪电，给黑夜染成乌黑，夹带着大风雨，那是《第九交响乐》底开始。——突然，当风狂雨骤之际，黑暗裂了缝，夜在天空给赶走，由于意志之力，白日底清明重又还给了我们。

什么胜利可和这场胜利相比？波那帕脱的哪一场战争，奥斯丹列兹[118]哪一天的阳光，曾经达到这种超人的努力底光荣，曾经获得这种心灵从未获得的凯旋？一个不幸的人，贫穷、残废、孤独、由痛苦造成的人，世界不给他欢乐，他却创造了欢乐来给予世界！他用他的苦难来铸成欢乐，好似他用那句豪语来说明的，——那是可以总结他一生，可以成为一切英勇心灵的箴言的：

用痛苦换来的欢乐。[119]

注释：

1　系神话中三女妖之一，以生有美发著名。后以得罪火神，美发尽变毒蛇。原注：以上据英国游历家罗赛尔一八二二年时记载。——一八〇一年，邱尼尚在幼年，看到贝多芬蓄着长发和多日不剃的胡子，穿着羊皮衣裤，以为遇到小说中的鲁滨逊。〔译者按：邱尼（1791 — 1857）为奥国有名的钢琴家，为晓邦至友，其钢琴演奏当时与晓邦齐名。〕

2　原注：据画家克滦白记载。他曾于一八一八年为贝多芬画像。

3　原注：据医生米勒一八二〇年记载：他的富于表情的眼睛，时而妩媚温柔，时而惘然，时而气焰逼人，可怕非常。

4　原注：克滦白说是奥雪安的面目。以上的细节皆采自贝多芬的朋友，及见过他的游历家的记载。〔译者按：奥雪安为三世纪时苏格兰行吟诗人。〕

5　莎士比亚名剧中的人物。

6　原注：他的祖父名叫鲁特维克，是家族里最优秀的人物，生在盎凡斯，直到廿岁时才住到篷恩来，做当地大公的乐长。贝多芬的性格和他最像。我们必须记住这个祖父的出身，才能懂得贝多芬奔放独立的天性，以及别的不全是德国人的特点。〔译者按：今法国与比国交界之一部及比国西部之地域，古称弗朗特。弗拉芒即居于此地域内之人种名。盎凡斯为今比国北部之一大城名。〕

178

7　洋琴为钢琴以前的键盘乐器，形式及组织大致与钢琴同。

8　原注：以上见一七八九年九月十五日贝多芬致奥斯堡地方的夏台医生书信。

9　原注：他一八一六年时说："不知道死的人真是一个可怜虫！我十五岁上已经知道了。"

10　原注：他的老师 C. G. 纳夫也是他最好的朋友和指导：他的道德的高尚和艺术胸襟的宽广，都对贝多芬留下极其重要的影响。

11　原注：以上见一八○一年六月廿九日致韦该勒书。

12　原注：诗的开首是："专制的铁链斩断了……幸福的民族！……"

13　原注：我们可举其中一首为例："唾弃偏执，摧毁愚蠢的幽灵，为着人类而战斗……啊，这，没有一个亲王的臣仆能够干。这，需要自由的灵魂，爱死甚于爱谄媚，爱贫穷甚于爱奴颜婢膝……须知在这等灵魂内我决非最后一个。"〔译者按：希那哀特生于巴维亚邦，为斯塔斯堡雅各宾党首领。一七九四年，在巴黎上断头台。〕

14　从前著作付印时必先售预约。因印数不多，刊行后不易购得。

15　此系指法国大革命后奥国为援助法国王室所发动之战争。

16　原注：一七八七年春，他曾与维也纳作过一次短期旅行，见过莫扎尔德，但他对贝多芬似乎不甚注意。——他在一七九○年在篷恩结识的罕顿，曾经教过他一些功课。贝多芬另外曾拜过阿勃腊赫兹贝葛与萨利哀利为师。

17　黑森为当时日耳曼三联邦之一，后皆并入德意志联邦。

18　原注：在裴氏周围，还有提琴家洛道夫·克坪采，即后来贝多芬把有名的朔拿大题赠给他的。〔译者按：裴氏为法国元帅，在大革命时以战功显；后与拿破仑为敌，与英奥诸国勾结。〕

179

19 葛冷为法国名画家，所作拿破仑像代表拿翁少年时期之姿态。

20 原注：那时他才初露头角，在维也纳的首次钢琴演奏会是一七九五年三月三十日举行的。

21 原注：以上见一八〇一年六月廿九日致韦该勒书。一八〇一年左右致李哀斯书中又言："只要我有办法，我的任何朋友都不该有何匮乏。"

22 原注：在一八〇二年的遗嘱内，贝多芬说耳聋已开始了六年，——所以是一七九六年起的。——同时我们可注意他的作品目录，唯有包括三支三重奏的《全集》卷一，是一七九六年以前的制作。包括三支最初的朔拿大的《全集》卷二，是一七九六年三月刊行的。因此贝多芬全部的作品可说都是耳聋后写的。——关于他的耳聋，可以参看一九〇五年五月十五日《德国医学丛报》上克洛兹-福莱斯脱医生的文章。他认为这病是受一般遗传的影响，也许和他母亲的肺病也有关系。他分析贝多芬一七九六年时所患的耳咽管炎，到一七九九年变成剧烈的中耳炎，因为治疗不善，随后成为慢性的中耳炎，随带一切的后果。耳聋的程度逐渐增加，但从没完全聋。贝多芬对于低而深的音比高音更易感知。在他晚年，据说他用一支小木杆，一端插在钢琴箱内，一端咬在牙齿中间，用以在作曲时听音。一九一〇年，柏林—莫皮脱市立医院主任医师约各勃逊发表一篇出色的文章，说他可证明贝多芬的耳聋是源于梅毒的遗传。——一八一〇年左右，机械家曼扎尔为贝多芬特制的听音器，至今尚保存于篷恩城内贝多芬博物院。

23 原注：以上见诺尔编《贝多芬书信集》第十三。

24 系公元一世纪时希腊伦理学家与史家。

25 原注：以上见《贝多芬书信集》第十四。

26 系文艺复兴前期意大利名画家。

27 此处所谓幼婴系指儿时的耶稣，故有未来的悲剧之喻。

28 唐·裘安为西洋传说中有名的登徒子，莫扎尔德曾采为歌剧的题材。

29 通俗音乐书上所述《月光朔拿大》的故事是毫无根据的。

30 原注：以上见一八〇一年十一月十六日信。

31 原注：随后她还利用贝多芬从前的情爱，要他帮助她的丈夫。贝多芬立刻答应了。他在一八二一年和兴特勒会见时在谈话手册上写道："他是我的敌人，所以我更要尽力帮助他。"但他因之而更瞧不起她。"她到维也纳来找我，一边哭着，但是我瞧不起她。"

32 原注：时为一八〇二年十月六日。

33 原注：他的遗嘱里有一段说："把德性教给你们的孩子；使人幸福的是德性而非金钱。这是我的经验之谈。在患难中支持我的是道德，使我不曾自杀的，除了艺术以外也是道德。"又一八一〇年五月二日致韦该勒书中："假如我不知道一个人在能完成善的行为时就不该结束生命的话，我早已不在人世了，而且是由于我自己的处决。"

34 原注：以上见致韦该勒书，《书信集》第十八。

35 原注：一八〇二年霍纳曼为贝多芬所作之小像上，他作着当时流行的装束，留着鬓脚，四周的头发剪得同样长，坚决的神情颇像拜仑式的英雄，同时表示一种拿破仑式的永不屈服的意志。〔译者按：此处小像系指面积极小之釉绘像，通常至大不过数英吋，多数画于珐琅质之饰物上，为西洋画中一种特殊的肖像画。〕

36 拿破仑于一七九三、一七九七、一八〇〇年数次战败奥国，兵临维也纳城下。

37 意谓共和民主的政府。

38 原注：大家知道《英雄交响乐》是以波那帕脱为题材而献给他的，最初的手稿上还写着"波那帕脱"这题目。这期间，他得悉了拿破仑称帝之事。于是他大发雷霆，嚷道："那么他也不过是一个凡夫俗子!"愤慨之下，他撕去了题献的词句，换上一个含有报复意味而又是非常动人的题目："英雄交响乐……纪念一个伟人的遗迹。"兴特勒说他以后对拿破仑的恼恨也消解了，只把他看作一个值得同情的可怜虫，一个从天上掉下来的"伊加尔"。〔译者按：神话载伊加尔用蜡把翅翼胶住在身上，从克里特岛上逃出，飞近太阳，蜡为日光熔化，以致堕海而死。〕——当他在一八二一年听到幽禁圣·赫勒拿岛的悲剧时，说道："十七年前我所写的音乐正适用于这件悲惨的事故。"他很高兴地发觉在交响乐的葬曲内〔译者按：系交响乐之第二章〕对此盖世豪雄的结局有所预感。——因此很可能，在贝多芬的思想内，《第三交响乐》，尤其是第一章，是波那帕脱的一幅肖像，当然和实在的人物不同，但确是贝多芬理想中的拿破仑；换言之，他要把拿破仑描写为一个革命的天才。一八○一年，贝多芬曾为标准的革命英雄——自由之神普罗曼德，作过乐曲，其中有一主句，他又在《英雄交响乐》的终局里重新采用。

39 原注：曾任德国驻意大使的劳白·特·葛台尔，著有《俾斯麦及其家庭》一书，一九○一年版。以上事实即引自该书。一八七○年十月卅日，葛台尔在凡尔赛的一架很坏的钢琴上，为俾斯麦奏这支朔拿大。对于这件作品的最后一句，俾斯麦说："这是整整一个人生的斗争与嗥恸。"他爱贝多芬甚于一切旁的音乐家；他常常说："贝多芬最适合我的神经。"

40 拿破仑曾攻陷维也纳两次。——奥许为法国大革命时最纯洁的军人，为史所称。一七九七年战死于科布楞兹附近。

41 贝多芬的歌剧。

42 洛氏为波希米世家，以武功称。

43 勋勃洛为一奥国乡村，一八〇九年之《维也纳条约》，即在此处签订。原注：贝多芬的寓所离维也纳的城堡颇近，拿破仑攻下维也纳时曾炸毁城垣。一八〇九年六月廿六日，贝多芬致勃拉脱高夫与埃台尔两出版家书信中有言："何等野蛮的生活，在我周围多少的废墟颓垣！只有鼓声、喇叭声，以及各种惨象！"一八〇九年有一个法国人在维也纳见到他，保留着他的一幅肖像。这位法国人叫作德莱蒙男爵。他曾描写贝多芬寓所中凌乱的情形。他们一同谈论着哲学、政治，特别是"他的偶像，莎士比亚"。贝多芬几乎决定跟男爵上巴黎去，他知道那边的音乐院已在演奏他的交响乐，并且有不少佩服他的人。

44 原注：一七九六至一七九九年间，贝多芬在维也纳认识了勃仑斯维克一家。琪丽哀太·琪却尔第是丹兰士的表姊妹。贝多芬有一个时期似乎也钟情于丹兰士的姊妹——约瑟芬，她后来嫁给台姆伯爵，又再嫁给史托凯奇格男爵。——关于勃仑斯维克一家的详细情形，可参看安特莱·特·海佛西氏著《贝多芬及其不朽的爱人》一文，载一九一〇年五月一日及十五日的《巴黎杂志》。

45 原注：这首美丽的歌是在罢哈的夫人安娜·玛特兰娜的手册上的，原题为《琪奥伐尼之歌》。有人疑非罢哈原作。

46 欧洲贵族家中，皆有教士供养。

47 原注：见诺尔著《贝多芬传》。

48 系十九世纪德国有名的诗人。

183

49　原注：贝多芬是近视眼。塞弗烈特说他的近视是痘症所致，使他从小就得戴眼镜。近视使他的目光常有失神的样子。一八二三——一八二四年间，他在书信中时常抱怨他的眼睛使他受苦。

50　原注：把歌德的剧本《哀格蒙》谱成音乐是一八○九年开始的。——他也想制作《威廉·台尔》的音乐，但人家宁可请教别的作曲家。

51　原注：见贝多芬和兴特勒的谈话。

52　原注：见《书信集》第十五。

53　原注：她死于一八六一年。〔译者按：她比贝多芬多活卅四年。〕

54　原注：这幅肖像至今还在篷恩的贝多芬家。

55　原注：致葛拉兴斯坦书。《书信集》第卅一。

56　贝多芬此时四十岁。

57　原注：他写给 G. D. 李沃的信中又道："心是一切伟大底起点。"《书信集》一○八。

58　系歌德的青年女友，裴母曾与歌德相爱，故裴成年后竭力追求歌德。裴对贝多芬备极崇拜，且对贝多芬音乐极有了解。裴兄格莱芒为德国浪漫派领袖之一，裴丈夫阿宁亦为有名诗人。

59　裴蒂娜写此信时，约为一八○八年，尚未满二十九岁。此时贝多芬未满四十岁，歌德年最长，已有六十岁左右。

60　原注：一八一一年二月十九日他写给裴蒂娜的信中说："歌德的诗使我幸福。"一八○九年八月八日他在旁的书信中也说："歌德与席勒，是我在奥雪安与荷马之外最心爱的诗人。"——值得注意的是，贝多芬幼年的教育虽不完全，但他的文学口味极高。在他认为"伟大、庄严、小 D 调式的"歌德以外而看作高于歌德的，只有荷马、普罗塔克、莎士比亚三人。在荷马作品中，他最爱《奥特赛》。莎士比亚的德译本是常在他手头的，我们也知道莎士比亚的《高丽奥朗》和《狂风暴雨》被他多么悲壮地在音乐上表现出来。至于普罗塔克，他和大革命时代的一般人一样，受有很深的影响。古罗马英雄勃鲁塔斯是他的英雄，这一点他和弥盖朗琪罗相似。他爱柏拉图，梦想在全世界上能有柏拉图式的共和国建立起来。一八一九——八二〇年间的谈话册内，他曾言："苏格拉底与耶稣是我的模范。"

61　此系歌德官衔。

62　系指奥国王室，托帕列兹为当时避暑胜地，中欧各国的亲王贵族麇集。

63　系贝多芬的钢琴学生。

64　原注：以上见贝多芬致裴蒂娜书。这些书信的真实性虽有人怀疑，但大体是准确的。

65　原注：歌德写信给采尔脱说："贝多芬不幸是一个倔强之极的人；他认为世界可憎，无疑是对的；但这并不能使世界对他和对旁人变得愉快些。我们应当原谅他，替他惋惜，因为他是聋子。"——歌德一生不曾做什么事反对贝多芬，但也不曾做什么事拥护贝多芬；对他的作品，甚至对他的姓氏，抱着绝对的缄默。——骨子里他是钦佩而且惧怕他的音乐；它使他骚乱。他怕它会使他丧失心灵的平衡，那是歌德以多少痛苦换来的。——年轻的孟特尔仲，于一八三〇年经过威玛，曾经留下一封信，表示他确曾参透歌德自称为"骚乱而热烈的灵魂"深处，那颗灵魂是被歌德用强有力的智慧镇压着的。孟特尔仲在信中说："……他先是不愿听人提及贝多芬；但这是无可避免的〔译者按：孟特尔仲那次是奉歌德之命替他弹全部音乐史上的大作品〕，他听了

185

傅雷译作选

《第五交响乐》的第一章后大为骚动。他竭力装着镇静，和我说：'这毫不动人，不过令人惊异而已。'过了一忽，他又道：'这是巨大的〔译者按：歌德原词是 Grandiose，含有伟大或夸大的模棱两可的意义，令人猜不透他这里到底是颂赞（假如他的意思是"伟大"的话）还是贬抑（假如他的意思是"夸大"的话）〕，狂妄，竟可说屋宇为之震动。'接着是晚膳，其间他神思恍惚，若有所思，直到我们再提起贝多芬时，他开始询问我，考问我。我明明看到贝多芬的音乐已经发生了效果……"〔译者按：采尔脱为一平庸的音乐家，早年反对贝多芬甚烈，直到后来他遇见贝多芬时，为他的人格大为感动，对他的音乐也一变往昔的谩骂口吻，转而为热烈的颂扬。采氏为歌德一生至友，歌德早期对贝多芬的印象，大半受采氏误解之影响，关于贝多芬与歌德，近人颇多撰文讨论。罗曼·罗兰亦有《歌德与贝多芬》一书，一九三〇年版。〕

66　原注：见采尔脱一八一二年九月二日致歌德书，又同年九月十四日歌德致采尔脱书："是的，我也是用着惊愕的心情钦佩他。"一八一九年采尔脱给歌德信中说："人家说他疯了。"

67　原注：这至少是贝多芬曾经想过的题目，因为他在笔记内曾经说到，尤其他在《第十交响乐》的计划内提及。

68　原注：和写作这些作品同时，他在一八一一至一八一二年间在托帕列兹认识一个柏林的青年女歌唱家，和她有着相当温柔的友谊，也许对这些作品不无影响。

69　原注：在这种事故上和贝多芬大异的，是修贝尔脱的父亲，他在一八〇七年时写了一阕应时的音乐，"献给拿破仑大帝"，且在拿破仑御前亲自指挥。〔译者按：拿破仑于一八一二年征俄败归后，一八一三年

奥国兴师讨法，不久普鲁士亦接踵而起，即史家所谓独立战争，亦称解放战争。〕

70　系指一八一四年三月奥德各邦联军攻入巴黎。

71　原注：他在维也纳会议时写信给高卡说："我不和你谈我们的君王和王国，在我看来，思想之国是一切国家中最可爱的：那是此世和彼世的一切王国中的第一个。"

72　原注：华葛耐在一八七○年所著的《贝多芬评传》中有言："维也纳，这不就说明了一切？——全部的德国新教痕迹都已消失，连民族的口音也失掉而意大利化。德国的精神，德国的态度和风俗，全经意大利与西班牙输入的指南册代为解释……这是一个历史、学术、宗教都被篡改的地方……轻浮的怀疑主义，毁坏而且埋葬了真理之爱、荣誉之爱、自由独立之爱！……"——十九世纪的奥国戏剧诗人葛里巴扎曾说生为奥国人是一桩不幸。十九世纪末住在维也纳的德国大作曲家，都极感苦闷。那时奥国都城的思想全被勃拉姆斯伪善的气息笼罩。勃罗克纳的生活是长时期的受难，雨果·伏夫终生奋斗，对维也纳表示极严厉的批评。〔译者按：勃罗克纳与雨果·伏夫皆为近代德国大音乐家。勃拉姆斯在当时为反动派音乐之代表。〕

73　原注：奥洛姆王愿致送贝多芬终生俸每年六百杜加〔译者按：每杜加约合九先令〕外加旅费津贴一百五十银币，唯一的条件是不时在他面前演奏，并指挥室内音乐会，那些音乐会是历时很短而且不常举行的。贝多芬差不多决定动身了。〔译者按：奥洛姆王为拿破仑之弟，被封为威斯发里亚王。〕

74　奥国银币名，每单位约合一先令又半。

75　原注：洛西尼的歌剧《唐克兰特》足以撼动整个的德国音乐。一

187

八一六年时维也纳沙龙里的意见，据鲍哀番特的日记所载是："莫扎尔德和贝多芬是老学究。只有荒谬的上一代赞成他们；但直到洛西尼出现，大家方知何谓旋律。《斐但丽奥》是一堆垃圾，真不懂人们怎会不怕厌烦地去听它。"——贝多芬举行的最后一次钢琴演奏会是在一八一四年。

76　原注：同年，贝多芬的兄弟卡尔死。他写信给安东尼·勃朗太诺说："他如此地执着生命，我却如此地愿意舍弃生命。"

77　原注：此时唯一的朋友，是玛丽亚·洪·爱尔杜第，他和她维持着动人的友谊，但她和他一样有着不治之症，一八一六年，她的独子又暴卒。贝多芬题赠给她的作品，有一八〇九年《全集》卷七十的两支三重奏，一八一五至一八一七年间《全集》卷一〇二的两支大提琴朔拿大。

78　原注：丢开耳聋不谈，他的健康也一天不如一天。从一八一六年十月起，他患着重伤风。一八一七年夏天，医生说他是肺病。一八一七至一八一八年间的冬季，他老是为这场所谓的肺病担心着。一八二〇至一八二一年间他患着剧烈的关节炎。一八二一年患黄热病。一八二三年又患结膜炎。

79　原注：值得注意的是，同年起他的音乐作风改变了，表示这转折点的是《全集》卷一〇一的朔拿大。贝多芬的谈话册，共有一一〇〇〇页的手写稿，今日全部保存于柏林国家图书馆。一九二三年诺尔开始印行他一八一九年三月至一八二〇年三月的谈话册，可惜以后未曾续印。

80　原注：兴特勒从一八一四年起就和贝多芬来往，但到一八一九以后方始成为他的密友。贝多芬不肯轻易与之结交，最初对他表示高傲

188

轻蔑的态度。

81 即《第九交响乐》。

82 原注：参看华葛耐的《贝多芬评传》，其中对他的耳聋有极美妙的叙述。

83 原注：他爱好动物，非常怜悯它们。有名的史家弗里曼的母亲，说她不由自主地对贝多芬怀有长时期的仇恨，因为贝多芬在她儿时把她要捕捉的蝴蝶用手帕赶开。

84 原注：他的居处永远不舒服。在维也纳卅五年，他迁居三十次。

85 当时德国的提琴家兼作曲家。

86 原注：贝多芬写信给却吕皮尼，"为他在同时代的人中最敬重的"。可是却吕皮尼置之不理。〔译者按：却氏为意大利人，为法国音乐院长、作曲家，在当时音乐界中极有势力。〕

87 贝多芬钢琴朔拿大一项，列在《全集》内的即有卅二曲之多。

88 原注：他写信给史脱拉赫夫人说："我从不报复。当我不得不有所行动来反对旁人时，我只限于自卫，或阻止他们作恶。"

89 原注：见诺尔编《贝多芬书信集》三四三。

90 原注：见诺尔编《书信集》三一四。

91 原注：见《书信集》三七〇。

92 原注：以上见《书信集》三六二——三六七。——另外一封信，是一八一九年二月一日的，里面表示贝多芬多么热望把他的侄子造成"一个于国家有益的公民"。

93 原注：当时看见他的兴特勒，说他突然变得像一个七十岁的老人，精神崩溃，没有力量，没有意志。倘卡尔死了的话，他也要死的了。——不多几月之后，他果然一病不起。

94 原注：见一七九三年一月斐休尼赫致夏洛蒂·席勒书。席勒的欢乐颂歌是一七八五年写的。——贝多芬所用的主题，先后见于一八〇八年《全集》卷八十的《钢琴、乐队、合唱幻想曲》，及一八一〇年依歌德诗谱成的"歌"。——在一八一二年的笔记内，在《第七交响乐》的拟稿和《玛克勃前奏曲》的计划之间，有一段乐稿是采用席勒原词的，其音乐主题，后来用于《全集》卷一一五的《拿门斯弗尔前奏曲》。——《第九交响乐》内有些乐旨在一八一五年以前经已出现。定稿中欢乐颂歌的主题和其他部分的曲调，都是一八二二年写下的，以后再写 Trio 部分，然后又写 Andante Moderato 部分，直到最后才写成 Adagio。

95 原注：贝多芬说这一部分"完全好像有歌词在下面"。

96 原注：系指《D调弥撒祭乐》。

97 原注：贝多芬，为琐碎的烦恼、贫穷，以及各种的忧虑所困，在一八一六至一八二一的五年中间，只写了三支钢琴曲（《全集》卷一〇一、一〇二、一〇六）。他的敌人说他才力已尽。一八二一年起他才重新工作。

98 原注：这是一八二四年的事，署名的有 C. 李区诺斯基亲王等二十余人。

99 原注：一八一九年二月一日，贝多芬要求对侄子的监护权时，在维也纳市政府高傲地声称："我的道德的品格是大众公认的。"

100 原注：一八二四年秋，他很担心要在一场暴病中送命。"像我亲爱的祖父一样，我和他有多少地方相似。"——他胃病很厉害。一八二四——一八二五年间的冬天，他又重病。一八二五年五月，他吐血，流鼻血。同年六月九日他写信给侄儿说："我衰弱到了极点，长眠不起的日子快要临到了。"

101　原注：德国首次演奏《第九交响乐》，是一八二五年四月一日在法朗克府；伦敦是一八二五年三月廿五日；巴黎是一八三一年五月廿七日，在国立音乐院。十七岁的孟特尔仲，在柏林猎人大厅于一八二六年十一月十四日用钢琴演奏。华葛耐在莱布齐格大学读书时，全部手抄过；且在一八三〇年十月六日致书出版商苏脱，提议由他把交响乐改成钢琴曲。可说《第九交响乐》决定了华葛耐的生涯。

102　原注：一八二四年九月十七日致苏脱兄弟信中，贝多芬写道："艺术之神还不愿死亡把我带走；因为我还负欠甚多！在我出发去天国之前，必得把精灵启示我而要我完成的东西留给后人，我觉得我才开始写了几个音符。"——《书信集》二七二。

103　原注：一八二七年三月十八日贝多芬写信给莫希尔斯说："初稿全部写成的一部交响乐和一支前奏曲放在我的书桌上。"但这部初稿从未发现。——我们只在他的笔记上读到："用 Andante 写的 Cantique，——用古音阶写的宗教歌，或是用独立的形式，或是作为一支追逸曲的引子。这部交响乐的特点是引进歌唱，或者用在终局，或从 Adagio 起就插入。乐队中小提琴等等都当特别加强最后几段的力量。歌唱开始时一个一个地，或在最后几段中复唱 Adagio——Adagio 的歌词用一个希腊神话或宗教颂歌，Allegro 则用酒神庆祝的形式。"（以上见一八一八年笔记）由此可见以合唱终局的计划是预备用在《第十》而非《第九交响乐》的。后来他又说要在《第十交响乐》中，把现代世界和古代世界调和起来，像歌德在第二部《浮士德》中所尝试的。

104　原注：诗人原作是叙述一个骑士恋爱着一个女神而被她拘囚着；他念着家乡与自由，这首诗和《坦霍塞》〔译者按：系华葛耐的名歌

191

剧〕颇多相似之处，贝多芬在一八二三—一八二六年间曾经从事工作。

105　原注：贝多芬从一八〇八起就有意为《浮士德》写音乐。（《浮士德》以悲剧的形式出现是一八〇七年秋。）这是他一生最重视的计划之一。

106　原注：贝多芬的笔记中有："法国南部！对啦！对啦！""离开这里，只要办到这一着，你便能重新登上你艺术的高峰。……写一部交响乐，然后出发，出发，出发……夏天，为了旅费工作着，然后周游意大利、西西利，和几个旁的艺术家一起……"（出处同前）

107　原注：在谈话手册里，我们可以读到：（一八一九年份的）"欧洲政治目前所走的路，令人没有金钱没有银行便什么事都不能做。""统治者的贵族，什么也不曾学得，什么也不曾忘记。""五十年内，世界上到处都将有共和国。"

108　原注：一八一九年他几被警察当局起诉，因为他公然声言："归根结蒂，基督不过是一个被钉死的犹太人。"那时他正写着《D调弥撒祭乐》。由此可见他的宗教感应是极其自由的。他在政治方面也是一样地毫无顾忌，很大胆地抨击他的政府之腐败。他特别指斥几件事情：法院组织的专制与依附权势，程序繁琐，完全妨害诉讼的进行；警权的滥用；官僚政治的腐化与无能；颓废的贵族享有特权，霸占着国家最高的职位。从一八一五年起，他在政治上是同情英国的。据兴特勒说，他非常热烈地读着英国国会的记录。英国的乐队指挥波透，一八一七年到维也纳，说：贝多芬用尽一切诅咒的字眼痛骂奥国政府。他一心要到英国来看看下院的情况。他说："你们英国人，你们的脑袋的确在肩膀上。"〔译者按：一八一四年拿破仑失败，列强举行维也纳会议，重行瓜分欧洲。奥国首相梅特涅雄心勃勃，颇有只手左右天下之志，对于奥国内部，厉行压迫，言论自由剥削殆尽。其时欧洲各国类皆趋于反动政治，虐害共和党人。但法国大革命的精神早已弥漫全欧，到处有蠢动之象。一八二〇年的西班牙、葡萄牙、拿波利的革命开其端，一八二一年的希腊独立战争接踵而至，降至一八三〇年法国又有七月革命，一八四八年又有二月革命……贝多芬晚年的政治思想，正反映一八一四——一八三〇年间欧洲知识分子的反抗精神。读者于此，必须参考当时国际情势，方能对贝多芬的思想，有一估价准确之认识。〕

109　原注：例如侄子之自杀。

110　原注：他的病有两个阶段：（一）肺部的感冒，那是六天就结束的。"第七天上，他觉得好了一些，从床上起来，走路，看书，写作。"（二）消化器病，外加循环系病。医生说："第八天，我发现他脱了衣服，身体发黄色。剧烈的泄泻，外加呕吐，几乎使他那天晚上送命。"从那时起，水肿病开始加剧。这一次的复病，还有我们迄今不甚清楚的精神上的原因。华洛赫医生说："一件使他愤慨的事，使他大发雷霆，非常苦恼，这就促成了病的爆发。打着寒噤，浑身战抖，因内脏的痛楚而起拘挛。"——关于贝多芬最后一次的病情，从一八四二年起就有医生详细的叙述公开发表。

111　即韦该勒夫人爱莱奥诺的亲密的称呼。

112　原注：一个名叫鲁特维克·克拉莫利尼的歌唱家，说他看见最后一次病中的贝多芬，觉得他心地宁静，慈祥恺恻，达于极点。

113　原注：据葛哈特·洪·勃罗宁的信，说他在弥留时，在床上受着臭虫的骚扰。——他的四次手术时间是一八二六年十二月二十日、一八二七年正月八日、二月二日和二月二十七日。

114　原注：这陌生人是青年音乐家安塞姆·希顿勃兰纳。——勃鲁宁

193

写道："感谢上帝！感谢他结束了这长时期悲惨的受难。"贝多芬的手稿、书籍、家具，全部拍卖掉，代价不过一五七五弗洛冷。拍卖目录上登记着二五二件的音乐手稿和音乐书籍，共售九八二弗洛冷。谈话手册只售一弗洛冷二十。

115　原注：他致"不朽的爱人"信中有言："当我有所克服的时候，我总是快乐的。"——一八〇一年十一月十六日致韦该勒信中又言："我愿把生命活上千百次……我非生来过恬静的日子的。"

116　原注：兴特勒有言："贝多芬教了我大自然的学问，在这方面的研究，他给我的指导和在音乐方面没有分别。使他陶醉的并非自然底律令 Law，而是自然底基本威力。"

117　原注：贝多芬一八一〇年五月二日致韦该勒书中有言："噢，人生多美，但我的是永远受着毒害……"

118　系拿破仑一八〇五年十二月大获胜利之地。

119　原注：一八一五年十月十日贝多芬致爱尔杜第夫人书。

英国绘画 〔英〕埃里克·牛顿

英国绘画曾经于两大领域内造诣极高，即十八世纪的肖像画，与十九世纪的风景画。但在干斯巴罗与雷诺兹、康斯塔布尔与忒纳等大家以外，英国自始即有富于想象的浪漫主义传统，及其平行的素描画传统，与油画传统对峙。这种情形，在欧洲大陆是从来未有的。

今日，与大陆隔离了四年以后，这些传统愈形巩固，而且无意之中我们获有发展自己性灵的机会。

这本简略的导言，决非列举画家姓氏与著名作品的编目，而是侧重于英国绘画的两大系统，一觇我国对欧洲主潮的贡献。

一 荷加斯以前的英国绘画

中世纪欧洲的理想、期望、复杂的心境，有一部博大浩瀚、卓越不凡的纪录，垂诸后世。古往今来，世界上瑰丽奇谲到极点的建筑，以金碧辉煌的字体与插图为装饰的珍贵典籍，惨淡经营、功力极深的技术表现，一部分都是泛称为中世纪这个时代的产物。尤可异者，文物之盛，几遍全欧。除中欧艺术遗产比较贫瘠而外，他若意大利、西班牙、荷兰、法国、英国，皆与促成达拉姆、坎特布里、夏特勒、亚眠安各地的大寺，阿尔的圣·脱洛斐、凡洛那的圣·齐诺、西西里的蒙累阿雷诸教堂之基本精神，一贯呼应。

今日倘欲举出一批近世建筑物与上面的那些匹配，就得提到纽约的胡尔渥斯大厦、洛克斐罗中心区之类，或十八世纪的凡尔赛与布楞宁宫殿。性灵的流露、创造的精力，从未停止，不过改换了性质罢了。从前，创造力的根源只有教会，后来逐渐增多，国王贵族都成了艺术制作的推动者，如今又轮到百万富翁来提倡了。

因为当时人类的创造都以教会为中心，所以中古时代的作品才有那种明白固定、普遍一致的风格。那个时代，国界在政治上尽管有它的意义，在文化方面却无足重轻。所以英

197

国艺术史虽为时短暂，亦不得不承认：纯粹不列颠民族的艺术，直到教会艺术式微的时代方才开始。固然中古时代的英国艺术品不为不多，而且也有它的特点。达拉姆大寺在欧洲就没有匹配，西翁袈裟刺绣的精细也独一无二，但两者在艺术上可说都是梵蒂冈的附属品，不比荷加斯的图画才是伦敦心脏的产物。

虽然如此，倘使本书以叙述不列颠建筑为主，则英国的那些大寺照样需要专章详论。但我们只涉及不列颠绘画，与不列颠绘画传统的成长，所以中古时期可以从略。中世纪英国画家的才具与勤奋，虽皆不下于欧洲列国的画家，但流传到今日的英国中古绘画，寥寥可数，大半的作品都已毁灭。

毁灭的责任，当归诸两个人物：一个是亨利八世，因为反抗教皇权力，以新教徒自命而摧毁了中世纪绘画；另外一个是克伦威尔，因为反对教会的偶像，以清教徒自命而加以破坏。我们能略见英国宗教画之一斑的，只有教堂壁画的残简断片，还有以金碧辉煌的字体与插图为装饰的弥撒祷文，《圣诗》与《圣经》，制作的精美不下于同时同类的大陆作品。现存国家美术馆的维尔敦·第普铁区摺屏，画查理二世跪在许多天使环绕之下的玛丽亚前面，这是极有名的十四世纪末叶的作品，但作者的国籍还有问题；要不是画上有一个

198

英国国王，它那种国际化的风格，竟像是意大利西埃那的出品。伊吞学院教堂中几幅残存壁画的作者，我们认为是英国人，唯一的根据因为他的姓倍克是一个英国姓，他的风格却是布卢日的嫡系。

在这些残毁的与来历不明的遗迹之后，英国画史上就是一页空白。当然，如果我讲的是建筑史，都铎朝几位君王的丰富的遗产，就值得详细讨论，他们都是深宫大殿的建造者。但他们所奖掖的画家，仅限于肖像方面，而其中最杰出的一个——霍尔朋——还不是英国人。并且霍尔朋到英国来，并非因为亨利八世有心在宫中罗致一个北欧最大的肖像画家，而是因为当时英国富足，朝臣命妇都喜欢有一张自己的画像。碰巧霍尔朋是一个天才，一个技术极高的作家，所以留下一部精彩的纪录，让我们瞻仰君王周围的人物。可是英国人似乎并没赏识霍尔朋的天才，至于他技术的能够受人重视，主要是因为他对于贵重繁缛的珠宝服饰，描绘得毫厘不差。模仿霍尔朋的英国人，除了肖像以外，没有多少其他的作品，而他们的肖像画，主要仍是描头画角，铺陈衣饰。亨利八世与伊利沙白女王治下，英国真正的艺术家，乃是男女成衣与珠宝匠。

伊利沙白时代最好的本国肖像画家，希里欧特，承认他

199

所"模仿的，奉为圭臬的"，是霍尔朋的风格。他的素描颇为灵动，而温柔风雅的气息是霍尔朋所没有的。霍尔朋笔下的都铎朝人物，庄重稳厚，有富贵气，希里欧特笔下的伊利沙白朝人物，倜傥风流，近于公子哥儿。莎翁早期剧作中搔首弄姿的表现，在希氏的画上也可窥见。然而一方面继承霍尔朋的遗风，一方面略带中古图书上插画气息的这类作品，仍不失为笔致工细、富于装饰味的肖像画，盛行于伊利沙白与詹姆斯一世两朝。荷兰人如弥顿斯，系出法兰特血统的如高乃留斯·琼逊，都是为了英国需要肖像画而到英国来，从事于这一类保守的艺术的。可是即在这种风气之下，英国还没有一个大画家出现。时代已经到了十七世纪，英国画史上那页空白依然如故。

这期间，文艺复兴的潮流在意大利已经波澜壮阔，蔚为大观。一百五十余年间，英国在可爱的装饰艺术以外别无表现，意大利却产生了雷沃那陶、弥盖朗琪罗、拉斐尔、铁相、丁托累托、凡罗奈士，而且已经渐趋衰落：两相对照，真是难以置信的事。以十七世纪为止的英国绘画而论，文艺复兴的高潮，简直发生在一个遥远的星球上。传到英国的第一个回响，还是间接的，是卢本斯得之于铁相，传之于梵·代克，而后输入英国的。

卢本斯曾于一六二九年游历英国，但来去匆匆，连他气势豪迈的个性，也来不及对英国艺术家发生什么鼓动的作用，或者使他们改弦易辙。一六三五年，梵·代克应查理一世之召，到英国担任内廷供奉，除短时期离开几次以外，终身都留在英国。由于梵·代克的影响，英国画上纤巧的中世纪作风才一扫而空，急转直下，进入风靡一时的巴洛克。梵·代克门下的画家，作风固然是大变了，但题材依旧。欧洲的大画家，两次降临英国，革新了英国画，可是英国画家的观念，仍离不开肖像。前有希里欧特继承霍尔朋，今有陶勃逊继承梵·代克，而国外名家源源而来的情形，亦与前此无异。荷兰人雷里爵士之来英国，把梵·代克风雅华贵的画像，加浓了色彩，减少了精炼的成分。遗作有哈姆普吞宫中的一组"美女"，格林尼治医院中的一批"海军提督"，绚烂夺目，可称为查理二世宫廷的写真。拉埃莱与奈勒把这个传统略加变化，直接过渡到十八世纪早期的作风。到一七二三年奈勒去世的时候，长时期的外国影响方始告终，而一个本土的天才方始出现。他代表不列颠的真切，正无异铁相的代表意大利，累姆布朗特的代表荷兰。

201

二　十八世纪：肖像画时代

一六九七年荷加斯出生的时候，除肖像画以外，还没有本国的绘画传统。倘使一个艺术家想以自己的幻想，对人生经验做进一步的探讨时，在本国简直毫无凭借。荷加斯的岳父桑希尔爵士，是醉心于巴洛克装饰，喜欢"大气派"（grand manner），私淑卢本斯的画家。荷加斯的秉性，却不甘于追随流俗，以发展既成作风为限。他瞩目的乃是当代的生活，正与上一世纪荷兰画家的旨趣相同。而且他所需要的题材，也与荷兰先辈一样，在他自己的小天地中应有尽有。

这小天地便是伦敦。荷加斯是生于伦敦死于伦敦的。他成功的作品所描写的情节，每一桩都可能在伦敦发生。唯一的例外是《加莱城门》，那是一个英国人在法国短期旅行以后，对国外事情所发表的鄙陋之见。值得注意的是，"情节"这个字眼，正是他最好的作品最适当的形容词。荷加斯的肖像画为数极少，神态生动，颇有些可传之作。可是他最感兴味的，还不在于人物的面貌性格，而在于他们的举动行为。他兼有画家的眼与手，与小说家的头脑。他甚至发明了一种以小说为张本的新的画法。有连续性的作品，他前后画过四次，仿佛要把小说家笔下的情节，每次都发展成一个新的场面。

最著名的连续画，当推六幅一组的《文明结婚》。色调新颖，技术纯熟，而且每幅画可当故事读：情节的演变，幅幅相连。人物描写之工，不但个性毕露，抑且传出各人在特殊场合中的举动行为。他的故事含有教训意味，但他的嬉笑怒骂并非为了世道人心，有激而发。对于人生，他兴会甚高，对于可笑可怜的事也理会得极快，但他不是一个社会改革家。酗酒、污秽、狂妄、势利，都是他的主题。他喜欢以富家的乖僻与腐败、穷人的苦恼与粗暴为题材，原因是为了它们可以入画，而非为了劝诫世人。他津津有味地描写浪子、淫娃、勤奋的学徒、懒惰的学徒等等的遭遇。如果绘画的价值在于题材的人情世态味，则荷加斯毫无疑问可以列入世界巨匠之林。

可是，如果荷加斯对于形象没有那种异乎寻常的记忆力，能够搜罗无数戏剧化的小动作，如果他的手法不是那么轻松流利，如果没有善用色彩的天赋，那么纵使画面上每方寸都堆满了动人的故事，他仍不免是一个庸劣的画匠。故事不过是构成他艺术的素材。而且他弄巧成拙，几乎毁坏作品的事，也屡见不鲜，因为他力求故事的生动，刻画细节，堆砌过甚，以致凄迷琐碎，令人生厌。

203

　　在他的肖像与叙事画之间，还有一种所谓"谈天"的画（conversation piece），集许多肖像于一图，而以戏剧的或心理的因素为贯串的线索。这类谈天画，滥觞于百年前的荷兰画家；以生动活泼而论，他们都不及荷加斯。凡美尔的作品仅有严肃的家常小景，荷加斯的人物却有说有笑，有动作，儿童大抵在旁跳蹦为乐，连猫犬也参与画面上的热闹。

　　他的特点是不甘以画家自限，还要以许多自己的作品镌版，印成版画。这不但解决了他的生计，并且强调他在自己的艺术中最珍视的通俗成分。他的图画大多写当时的日常生活，所以他不但希望少数有教养的，或有钱购买原作的收藏家能够欣赏，并且要当时的大众能以一先令一幅的代价买他的版画来赏玩。这是一种与平民接近的态度，也增加了他不少收入。同时，他仍念念不忘于有钱与有教养的鉴赏家，尽管面上鄙薄他们，实在还想博取他们的好感：一方面斥为野狐禅，一方面仍认为他们是舆论的领袖，不惜加以笼络。天性使他着眼于风俗习尚的滑稽可笑处，在这方面发展他的天才，但喜欢笼络舆论的倾向，又使他常常取历史为题材，追求庄严伟大的效果。这种尝试对他毫无补益，作品也早已湮没无闻，我们在此提到，无非指出荷加斯喜欢嘲弄人类痴愚的脾气，与十八世纪中叶崇尚典雅的风气，绝对不能相容。

十八世纪并不讨厌嬉笑，但它的嬉笑往往含有轻蔑之意。倘使故事的内容是日常生活，最好添几分漫画气息以增加刺激。与荷加斯最近似的画家是罗朗特松，但罗朗特松就比荷加斯多些漫画成分。他取笑画中的人物，荷加斯却和画中的人物一同笑。荷加斯是不合时宜的人，是叛徒，是生于贵族时代的平民艺术家。

因此后来的人极少受他影响是很自然的事。他留给下一代画家的，只有谈天画的风气。但精神饱满与泼剌兴奋的特点，到了枯索呆滞的作家如索发尼与台维斯辈笔下，丧失殆尽。而在专画群像的少数作家中，这还是最有价值的两个。他们描写富有人士的面貌、衣饰、家具以及室内背景，有时全家在园中游憩，有时环绕洋琴，合奏音乐，或在书斋内把玩外地游历带回来的名家新作。一片有闲与富裕的气象，没有一点嘲弄的暗示。十八世纪依旧过着从容不迫、心安理得的日子，并没被荷拉斯玩世不恭的笑声扰乱。倘没有两个规模出众的艺术家，则百年间碌碌庸材的画家群中，可称为巨匠的仅有荷加斯一人而已。

然而雄视十八世纪中叶的有荷加斯，雄视十八世纪末期的有雷诺兹与干斯巴罗。两人与荷加斯都没有渊源，两人之间也完全异趣。英国艺术史家几没有一个不想把两者的人品

205

与艺术作对比的，因此不免过甚其词，夸大两人的差别。

十八世纪是一个古典的世纪，控制人心的是理性而非感情。但即在这种情势之下，雷诺兹还是一个不稍假借的古典传统的支持者，而干斯巴罗是一个反抗者，这是一切浪漫主义者处于只信头脑、防止感情的人物中间时应有的反响。雷诺兹是文质彬彬的上流人物，是学者、传统主义者。干斯巴罗却是不拘形迹的，是投机家、无师自通的画家，是热情冲动而可爱的人，不是才子或饱学之士。雷诺兹的朋友是文人，干斯巴罗来往的是演员与音乐家。两人的主要作品都是肖像，但雷诺兹喜欢偶尔制作"大气派"的室内构图，干斯巴罗的消遣却是风景画。威尔逊是英国第一个风景画家，干斯巴罗是第二个。他的风景画法，可能得诸荷兰先辈，但从事风景画的动机，是他对野外景色以及他的故乡萨福克的爱好。

可是这个对比不宜过分渲染，令读者误会雷诺兹是一个毫无热情的学院派人物，干斯巴罗是不学无术、全凭性灵的业余画家。雷诺兹是英国王家画院（创立于一七六八年）的发起人兼第一任院长。他以院长身份每年宣讲的演词，有至理名言，也有教学生如何研究、如何融会意大利宗师的风格的迂论。倘雷诺兹只以奉行自己的主张为限，则他只能成为一个学究，一个折中派的画家。幸而他极有感觉，以艺术家而论，又能触类旁通，随机应变。一有对象，他往往才思涌发，于构图光线诸端都有大胆的发明。他画的儿童，婉娈可爱而不流于甜俗，男子则英爽有神而无装腔作势之态，妇女则妩媚多姿而不徒以娇艳取胜。人物虽没有荷拉斯的生气，仍不失为真实的男女老幼，代表个人而非模写一种典型，并且模特儿与画家之间，时有心领神会、彼此契合的境界，使传神写照之作遽成绝笔。此种情形，见之于埃斯斐尔勋爵像、特封郡爵夫人及其女婴像，而福斯忒夫人像的神气生动，尤其可以说是谷雅作风的先驱。

反之，干斯巴罗的成就，大半得力于生气蓬勃，得力于怡悦心神、轻描淡写、柔媚有致的笔法。他所画的女像，多少要靠她们的姿色，男像要靠他们的功架。他素来崇拜梵·代克，而且像梵·代克一样，人物自有一股大家气象，而非由于对所画的人有意阿谀。雷诺兹人物的浪漫气息，乃是出之于技巧，借用意大利文艺复兴期的画法。干斯巴罗却以浪漫的心情对付所画的人物。他是任情适意、受气质支配的，所以作品的优劣，参差不一。兴味索然的时候，画也怏怏无生气。可是所画的对象，绝不能个个精彩，有鼓舞画家的魔力。干斯巴罗得意之笔，确是精妙无伦，例如约瑟夫·安德卢斯夫妇像，坐在麦田内一株大树下，以灵动的风景画与亲切的肖像画合而为一，其造诣可称独到。晚年作品，笔触比较轻灵，更觉自然。一方面他追怀华多朦胧闪烁的境界，一方面也预告雷诺阿温馨明媚的画风。

当时肖像画的风气，较前代为尤盛，需要之广非一二画家所能供应。所以十八世纪末叶，英格兰与苏格兰都有一班才力较次的作家从事于人像，大半以雷诺兹为范型，因雷诺兹可学，而干斯巴罗个性特强之画风不可学。

与雷诺兹同时的杰出的肖像画家，有苏格兰人拉姆赛，笔致精妙，近于法国派，不宗富丽堂皇的意大利风。拉氏同乡雷本爵士，所作人物之戏剧化，远过侪辈。但最负时誉的作家当推罗姆尼。汉密尔顿夫人去拿波里与纳尔逊相会之前，由罗姆尼所绘之像已达五十幅。侨居英国之美人科普利，画像一守雷诺兹成法。值得一提的还有科兹与俄卑，虽是能手，均非天才，不过生当十八世纪之末，因缘时会，满足社会的需要而已。

英国肖像画家的众多既如上述，而承其余绪直至十九世纪的，还有一个辉煌显赫的托玛司·劳伦斯。劳伦斯的作品，辉煌显赫实为最恰当的形容词，但亦止于辉煌显赫而已。当然这是包括技术成熟、纵横如意的手段而言，也指画面的灿烂夺目、华彩过甚而言。而上述诸端，都是劳伦斯的特征。卢本斯的画风也属此派，但他另有渊博的学识与丰富的想象力为技术的骨干。劳伦斯全无此等深厚的基础，却以巧妙的笔致与故意铺张的华彩广博时誉。欧洲各国的君王争相罗致，教皇亦远道延聘，使他成为少数享有国际声望的英国画家之一。自梵·代克为英国肖像画开创门户、发扬光大以来，劳伦斯的风靡一世，有如回光返照，已经到了结束的局面。

然而按诸事实，亦不尽然。也许不列颠永远不会让这爝火熄灭。梵·代克那种极受欢迎的肖像作风，的确满足了英国人的基本要求。所以十九世纪后期，劳伦斯还有嫡系的传人萨勤特，不假功力，妙手天成的笔致，令人想起哈尔斯，但与哈尔斯不同的是他以风流典雅见长。他为维多利亚后期与爱德华朝姿色绝世的美女所作的画像，的确为那个光怪陆离的时代，留下一部最完满的纪录。

209

三　威廉·勃莱克及其影响

以英国而论，自从中世纪的灵光慧火熄灭以后，艺术家奔腾活跃的想象力，似乎也随之衰退了。荷加斯的机智、尖刻的讽刺，深入人性的观察，兴会淋漓的性格，当然都是幻想丰富的表现，但即是最崇拜他的人也不敢说他灵思飞纵如天马行空。雷诺兹最成功的肖像，有时还不无诗意，干斯巴罗是一个天生的诗人，虽然有时灵感反而为他的累。可是英国画家从来没有一个到达想象深邃、穷极幽冥的境界。甚至尝试的人也没有。莎士比亚屡次表现的崇高，弥尔顿的伟大，甚至斯彭瑟那种富于华彩而神怪的天地，或赫利克那种玲珑巧妙的园亭气息，在不列颠绘画中都没有可以相提并论之作。似乎英国人不难以言语表达的境界，就没有能力以画笔发挥。

所以一个赋有这种创造力的天才，一旦在英国出现的时候，便是一个诗人而兼艺术家，而且以艺术家论，他的技巧以及想象的变化，都与古来的艺术家不同。勃莱克是独一无二的人物，仅仅说他的想象力奔腾活跃，还不足以形容。他并不是驰骋幻想，而是天生的神游八荒，置身于天地之外。勃莱克与天使的亲接，就像雷诺兹与海军名将。他可以听到星辰的歌唱，正如荷加斯可以听到浪子娼妓的絮语。严格地说，他还不能被称为一个画家，因为他的兴趣并不在于沿用十六世纪以来的成法——大幅的油画，同时也没有像其他艺术家一样，以苦学与观察实物来训练自己的本领。他的作品几乎全部以人像为本，而他关于人体的学识，仅仅从旁人作品的版画上转辗学习而得。他所受的训练只能成为一个雕版家，从事小幅的制作，或是雕版，或是着色素描。我们专章叙述这样一个艺术家，似乎有轻重失调之嫌，有如在一部交响乐史中详论一个仅作竖琴音乐的作曲家。可是对勃莱克决不能寥寥数语，简括了事。艺术家的造就，最后还在于他的意境，在于他有何等魄力，能够独出心裁地重造他的意境。从这个观点上说，勃莱克确是一个异乎寻常的梦想者。

历史上的神秘主义者与梦想者，不可胜数，但难得有兼为艺术家的。有兼为著作家的，如《启示录》的作者，如瑞典哲学家斯威顿堡。他们幻想中所见的世界，固然熙熙攘攘，都是形象，但只能表诸言辞。勃莱克心目中的世界，却是清晰明朗，只需依样模写。他说："一个精灵，一个幻景，其组织的精密与分明，绝非尘世所能产生。人家以为能模写自然，与我模写幻景同样真切。但要他们做到这一步绝不可能。"

211

可能与否姑置勿论，心中的幻景，终须以尘世的实景为基础；犹如一个做梦的人，必须从醒时生活中采取材料，才能组成他的梦。勃莱克却以最少的实景抒写他的梦境，他的长处在此，短处亦在此。他故意不看现实世界，记忆中仅有弥盖朗琪罗、拉斐尔、丢勒诸家作品的版画，以及威斯敏斯德修院中的建筑式样，他凭了这些间接而简陋的素材，居然产生了优异的作品。因为他的素材另有渊源。勃莱克主要是一个插画家，换言之，他需要一个题目来发挥。《玛克培斯》剧中抒写怜悯的诗篇、《约伯记》中的零章断句、弥尔顿的《失乐园》，以及勃莱克自己的神秘著述，对他都直接化为幻景，而决定幻景的形式的，乃是题材的意味，而非逐字逐句的内容。草草不经意的树木、山峰、云彩，尽够他布局设景，抒写但丁与弗基的境界，直叩"地狱之门"。他的《亚当之创造》，以描绘人像而论，固属幼稚，但以象征创造而言，也许比弥盖朗琪罗的大作更有力。《混沌初开》一画，描写上帝俯伏在创造了一半的宇宙之上，手掌下面一道闪电仿佛在操纵一副圆规。这一类囊括宇宙的景象，在勃莱克是俯拾即是、不足为奇的。假如我们为之感动，就不得不推重作者为英国登峰造极的艺术家之一，否则也得承认他是一个知其不可为而为的天才。

212

可异的，是他在一个以逻辑、理性、高雅自豪的时代，居然生前就有少数崇拜他的信徒。卡尔弗特的雕版与木刻，巴麦的水彩画，即受勃莱克的影响，专画热带的月夜、幽灵鬼魅幢幢往来之景。稍后又有苏格兰画家大卫·司各脱，于勃莱克影响之外，渗入十九世纪的感伤气息。勃莱克的门下，没有一个有他的热情，但都是凝神内省，重幻景而排斥外界的人。结果是，从中世纪以来，英国第一次有了创造非现实世界的艺术。这种情形在别国艺术史上是找不到的。意大利有鲍悌彻梨，有雷沃那陶，有乔尔乔纳，都为日常生活的世界，开了一扇另一世界的门。格累谷于西班牙，累姆布朗特于荷兰，华多于法国，都是这等人物。但他们的艺术世界，仍与现实世界息息相关，似乎他们渴欲以尘世的家具，装点他们的空中楼阁。勃莱克的世界却全无这种装饰。他的画上没有空气，没有日光，没有饮食，甚至也没有气候的变化，只有象征。对一般爱好象征的人，他的作品涵义无穷；对一般喜欢脚踏实地之辈，却是空空洞洞，了无意义。

213

四 行猎图

一个民族的艺术，不但反映，并且表现它的民族。迄十八世纪末叶为止，肖像是英国画中最重要的题材，因为社会上对肖像的需要始终不衰。这种需要未必完全是虚荣作祟，但一般人士以有自己的画像为可傲的心理，对英国绘画的趋向的确大有作用。画的生机，大抵有赖于艺术家的热情，题材的决定却操之于买画的群众。所以考察一个民族的艺术题材，可以确知这个民族的兴趣所在。

十八世纪后期与十九世纪早期，盛行于英国而不见于其他各国的题材，有行猎图，表现英国人对户外生活的爱好。它脱胎于谈天画，而更重描写。创作条件的严格，不是一般艺术家所能胜任。既要擅长风景画，又要熟悉犬马驰骋的动态，有时还要附加人像。不是出众的才具，绝难把这些不同的技术融冶一炉。所以英国的行猎图虽为数极夥，尤其是乡绅家中的收藏，但真有价值而可称为艺术品的，寥寥无几。它在英国画史上的地位，是因为这种画风确是英国本土的产物，其通俗性正如俄罗斯的神像，或荷兰的风俗画。

兼有生动的幻想、画马的学识、应付人像的技术、对风景的真情实感的，只有斯塔布斯一人。在这类专门作家中间，只有他没有匠气，作品精妙，不仅以图写走马行猎为事。他长于绮腻风流、意趣灵动的风景，在他心目中，悬枝垂条、山光云影的意义，不减于走兽的姿态。斯塔布斯与一般行猎画家的比较，正如凡美尔之与荷兰风俗画家。

在他以后，多系庸碌之辈，甚至不乏听命于主顾，甘为工匠的人，根本谈不到发挥个性的艺术。风尚所趋，有父子相传，当作家传行业，至于三代的。萨多利斯与阿垦两家，便是最显著的例子。

有的画家，像般·马歇尔，于猎狐场面的紧张与走兽的节奏上用功，但重心仍不外乎取悦定画的主人，注意一犬一马的写真。阿垦注意猎场的空气；赫林专心画马，前后三十五年间圣·李葛大竞赛中得胜的马，都一一图写，成为个别的肖像。稍后更有兰德西爵士，在行猎图中减去若干运动气息，而以感伤情调施于犬马，有意以走兽画与风俗画合一。

迨十九世纪末叶，惠斯勒在英国首倡"为艺术而艺术"的口号之后，这一类纯粹英国风味的画市需要，为之大减。虽英国爱好户外运动的人，对犬马的钟爱未尝稍衰，但纯正的艺术家已视图写犬马为不登大雅。可是本土的传统究竟不容易丧失。当代画家孟尼斯爵士，于画马精到之外，复以清新的外景见长，旧日的风气似有复活的趋势。他最近被举为王家画院院长一事，尤其可见英国人对户外生活的癖好，依然如故。

216

五 十九世纪的风景画及其起源

风景画的发展，是英国艺术史上最有意义的独立自发运动。从威尔斯画家威尔逊起，经过干斯巴罗、克罗姆，十九世纪初叶专写风土地形的（topographical）水彩画家，直到一八五一年忒纳去世的时候而登峰造极，停止发展。这并非说风景画因忒纳之死而在英国绝迹，但此后的风景画不复是纯粹英国的画风。康斯塔布尔与忒纳流风所播，促成了印象派。而印象派是与法国艺术史息息相关的，十九世纪中叶以后的英国风景画家，大半受法国熏陶。他们之于英国风景画的主潮，乃是间接的而非直接的传人。

首创英国纯正风景画的威尔逊，生于一七一四年，后于荷加斯十七年，先于雷诺兹九年。当时只有肖像受人重视，他最初亦从肖像入门，但意趣并不在这方面。他在本国既找不到风景画的师承，便求之于意大利。当然他也可能取法于荷兰，像后来的干斯巴罗一样。并且在威尔逊的作品中，的确可以见到两种影响的竞争，而意大利影响始终居于领导地位。但大体上他还是学法国格劳特的为多，学荷兰的夸普与荷培玛的为少。

英国的没有风景画传统，使威尔逊彷徨踌躇，但他既然

217

是一个真正的风景画家，自能于研究格劳特或荷培玛之外，致力于研究自然，而且他爱自然甚于爱古人。威尔逊所缺少的，并不是对题材的了解，而是表现题材的方式。他有相当的气魄，所以不能接受他人的成法而牺牲自己的意境，同时又限于才具，不能独创门户，自寻蹊径。有时他的风景纯粹是古典作风，近景繁缛而对称，远处稀朗而轻盈；有时他完全不顾刻意经营的构图，纯以清新大胆的目光瞩视世界。但不论何种作风，他的重要是在于艺术史上，而不在他艺术本身的价值。以素描而论，他始终不能达到格劳特的境界；以观察而论，又远不及以后的康斯塔布尔。他的成就是在一个大家轻视自然、认为鄙陋不登大雅的时代，奠定了风景画在英国的地位。他画的迂回曲折的泰晤士河或威尔斯的巉岩峭壁，对一般人轻视这等景色的心理而言，乃是一种抗议。十八世纪的憎厌"鄙陋"，到十九世纪一变而为崇拜"返璞归真"，上一世纪不喜欢悬崖巉岩，这一世纪不喜欢工厂一类的景色。而首先提倡爱好自然的便是威尔逊。他不是一个浪漫派画家，但渥兹渥斯派的浪漫主义在十九世纪中叶成为诗歌与绘画的主潮，确是他播下的种子。

干斯巴罗的风景画，更接近这种与自然亲接的浪漫主义。在他心目中，树木、冈峦、房屋、人物，不仅仅是构图的材料，而且是在统一和谐的大局面中偶尔运用的成分。突如其来的光线、变化无定的气候、永无休止的运动，在干斯巴罗的作品中比较形式的安排更重要。假如他完全听从自己的兴趣，不迎合当时肖像画的风气，很可能成为英国一个最大的风景画家。但他纯正的风景画都是早年作品。以后他虽偶尔以此为消遣，多数只以素描为限，笔致敏捷雅净，虽与实景愈离愈远，但技术纯熟精到。土地的起伏、岩石的重叠、林木的生动、光暗的幻变，莫不于这些粉本中粗具规模。他早期受恬淡淳朴的荷兰影响，到晚年却是豪放不羁的卢本斯作风。威尔逊可称为小型的格劳特，干斯巴罗后期的风景，可称为小型的卢本斯。

下一代的莫兰特与克罗姆，是英国风景画进程中的过渡人物，只能称为能手。在艺术史上，这等人物是常有的。他们继承传统而不能推动潮流，也没有力量扩大规模。莫兰特的作品是一些家常景致，温柔可爱，林木掩映，近景的茅屋，柔和的远景，构成一幅恬静悦目的图画。他的胜长，尤在于用色丰富，并且是一个纯粹英国意味的风景画家。威尔逊的平原、山脉、河流，可以代表欧洲任何一角。干斯巴罗比较注重地方色彩，但晚年风景也没有多少英国情调。可是莫兰特的作品，一望而知是本土风光。遍生青苔的树木，枝

219

叶纷披的篱垣，自有一股特殊的气息。

克罗姆描绘故乡诺利治平坦荒凉的景色，画法也可称为真正英国作风。他绝无莫兰特的感伤，由于个性的不同与题材的比较平淡，气象比莫兰特的壮阔。取景不复是秀润恬淡的村野，而是峻厚峭拔的大自然，空间、空气、远景，在他的画面上比近景的细枝小节更占重要。

这两位画家都不像干斯巴罗的长于素描，也没有他那种令人惊心夺目的魄力，但对于乡土各有真挚的感情，而作品的动人，正因为没有刻意经营的痕迹。

在此我们必须提到在英国特别风行的水彩画。当然，水彩在英国以外未尝不为人知，但大陆的艺术家素来视为末技，不能表现严肃深远的意境。德国的丢勒、稍后的荷兰与法兰特画家，都有精妙的水彩画制作，但都认为艺术的旁门，只能做演为油画的稿图。

十八世纪中叶，英国始有以水彩为正宗的画家自成一派。水彩画除工具简单、便于携带之外，在表现方面还另有胜长，为他种画法所不及。自然界变化多端、稍纵即逝的面目，只有水彩画以制作迅速、富于含蓄之故，可以把握。沉重的油绘，有如乐队的合奏，水彩画却充满了微妙的暗示、隐约的表现、层次独多的色调、简括赅博的形式；这些特点到了擅长此道的英国艺术家手中，便产生了大批杰作。

这派画家中最早的是桑特俾，与干斯巴罗同时，但没有他的大胆。在他以后的一般画家，专写风土地形，流风所及，也是英国极通俗的画派。自从照相风景片盛行以来，这一类的小品画已经失去重要性。但十九世纪末叶，画乡绅住宅或其他建筑物的小型图画，极受欢迎，大家当作纪念物收藏，正如现代人的搜集风景明信片与照相。在这种纯以工巧见长的作家中，真有想象力的作品当然极少。模仿桑特俾的后人，值得一提的有赫恩、卢克斯、台斯。

与描写风土地形无关的作家，有卡曾斯父子。亚历山大·卡曾斯，长桑特俾二十七岁，早年留居意大利，到一七四九年才回英国。他的水彩画，通常是乌贼墨画的单色画，绝无写景存真、仿效图经之意，而以兼有奔放与精细之笔，自写丘壑。与风土地形渺不相关的，莫如中国画，而英国作品之最富于中国画意味的，又莫如卡曾斯。约翰·劳白脱·卡曾斯，才力不及父亲，既不能大处落墨，也不能撷取精华，达于信手天成之境。他的意大利速写，煞费经营而不乏柔媚之气，光线的浓淡、轮廓的细致，皆有可观。画风不脱当时习气，以幽美与多情见长。他游踪极广，遍及意大利、瑞士各地，故题材大有取之不尽之概。但他并不为浪漫气息

221

湮没；像前代的威尔逊一样，他不承认当时流行的观念，以为未经人工斧削的自然是鄙俗不雅的。他勾勒出每座山脉特殊的骨干，同时顾到一般山脉的共通性。威尔逊只能在空诸依傍的时间，偶尔有此成就，在卡曾斯却不足为奇，不过格局较小，只用两种色调。远景用灰蓝，近景则用比较鲜明的颜色。约翰·卡曾斯对以后的水彩画家，的确极有贡献，因为他特别注意到自然界的面目并不限于两三个概括的情调，而表现情调的时候，气候当与景物同样重要。

　　约翰·卡曾斯以后，以水彩为主体的风景作家，络绎不绝，直至十九世纪中叶。但杰出的人才仍占少数。革丁与忒纳都生于一七七五年，少于约翰·卡曾斯二十三岁。康斯塔布尔生于一七七六年，科特曼生于一七八二年，科克斯生于一七八三年，彼得·特·文德生于一七八四年。其中领袖群伦的忒纳，与不以水彩画为主的康斯塔布尔，当专章论列。存年只有二十七岁的革丁，在短促的一生中有惊人的造就。一个夭折的艺术家的遗作，往往令人有天假以年不知又有何等造诣的感想。我们对于革丁尤有此感。他与忒纳同学于孟罗博士，到革丁去世为止，两人成绩并无轩轾。相传忒纳有言："如果汤姆·革丁在世，我可能饿死。"既然忒纳在十九世纪初年大刀阔斧，自立门户，我们实难想象革丁的境界，是否也能扩大到与忒纳仿佛的局面。但他实际的成就，确与卡曾斯不同，绝不依赖美丽的题材，水彩的运用也不像卡氏那样拘谨。

革丁初期素描平实，很像卡曾斯，境界很像威尔斯，但他以后的发展，笔致壮阔，操纵自如，相形之下，卡曾斯不免纤弱无力。长处尤在于化"纵横理乱"的景色，为精妙入微的图画，使威尔逊的天地显得狭小浅陋。晚年作品更恣肆大胆，题材的戏剧化、情调的紧张，都出以深信不疑的态度。一片严肃壮阔的田野中，屹然呈现画面的主体；林木屋宇的描绘，在空间的位置，色调的深度，都准确无比。他也偶尔渗入一些想象与暗示的成分，使作品不但动人，而且萦诸胸怀，历久不忘。我们看到这些小品的杰作，方能明了忒纳的慨叹含有何等深意。

十九世纪初年的水彩画家，当以科特曼为最通俗。他的作品，令人一见便觉得秀润悦目；简单而有力的笔触，很容易使人误认为境界的阔大。科特曼似乎脱胎于革丁，规模较小，而以装饰趣味见长。他往往把自然界点化得美艳夺目，但缺少激动感情的力量。革丁的简洁是真能领会自然的表现；科特曼的简洁，仅是一种力求风雅、匠气十足的诀窍。固然这诀窍是他个人的发明，所以还新颖可喜。到了模仿他

223

的后人手里，这种影响就鄙俗不足道了。科特曼是一个有魅力而无深度的作家。

科克斯与科·文德是纯正的艺术家，直接取法于自然，以观察为基本而发展水彩画技巧。两人都没有革丁的气魄，着眼于较小较近的物象，而不知抉发自然界的原始气概。他们谈不到游心宇宙，但对于熟知的小天地的变化，目光是很敏锐的。科克斯尤善用极简省的方法，写出树叶的飘舞、日光的变幻，与风起云动的景色。

六 忒纳与康斯塔布尔

历史上常有生当同时而必须相提并论的人物，干斯巴罗与雷诺兹、狄更司与萨克利、雷沃那陶与弥盖朗琪罗，都是显著的例子。这等人物虽同为时代的产物，往往性格悬殊，有如两极。忒纳与康斯塔布尔便是这样的一对。两人都是无可置疑的天才，但我们加以批评的时候，终不免有偏颇之嫌。所以作者宁可先行声明，他是偏爱忒纳的，虽然不少权威批评家认为康斯塔布尔应当列于忒纳之上。

其实他们是不能比较的，因为他们天才发展的方向是相反的。我个人的偏袒忒纳，并非以他造诣的高度为准，而是说明我的性情更近于他那一种的成就。当然，两人中间，康斯塔布尔更有革命性，他对后来风景画家的影响也更深刻。他的革新所引起的惊骇愤慨，一旦平复之后，整个欧洲都似乎看到了一个新天地。我们在二十世纪觉得平淡无奇的真理，在他未曾揭发之前，的确无人梦见。没有康斯塔布尔，法国的印象派就没有出发点。他是一个独具慧眼、发现新路的人。

反之，忒纳的目光，始终不离古老的传统的方向，但目光的犀利，非他人所及。他看得更多、更远、更深。胸中的意境，越老越精炼，终于达到与造化契合的神秘境地。与意境同时演变的画风，也终于习气太重，不为今日的观众所喜。其实忒纳的习气乃是他的时代的习气，而他的时代又是不乏笑柄的时代。浪漫主义的俗套，在他的画面上应有尽有，炫耀铺张，唯恐不及。他的自然界，都是粉妆玉砌，有失常态，以致为批评家目为既不真实，又觉过火。他遍历欧洲，穷搜冥讨，采集古堡废墟、湖光山色，演为绚烂的落日或阴霾的风雨，这时候康斯塔布尔却安分守己，以描写故乡实景为满足，相形之下，无怪论者觉得康斯塔布尔朴实可喜了。

我也认为忒纳的作品失诸过火，但并不虚伪。因为他对于夕阳将下、风雨欲来等等的景色，的确到了心领神会的地步。他的习气固令人不快，但感觉的精微，对自然界本体的了解，使他的习气仅仅成为个人的语调。

忒纳这种深刻的了解，是长时期艰苦学习的结果。他先与革丁同学于孟罗博士，按部就班，一意描写风土地形；早年的水彩画，除素描比较细腻、建筑物的线条比较结实而外，笔致的厚重与壮阔，都不及革丁。

一七九五年，忒纳游历威尔斯、苏格兰，一八〇二年去瑞士，搜集半世纪前卡曾斯画过的景色。这是他周游各地的开始。一七九七年，忒纳自己的意境才始露端倪，显出他与自然界是一种契合融会的关系，而非研究观察，或作为表现某种情调之用。从此他水彩画艺术的进展，无时或已。先用卡曾斯的两种色调开始，逐渐扩充他色彩的领域，加强色彩的表情，形式的精密，仍不下于早期作品，而物象被光线淹没的趋势，则愈形显著。最遥远的山脉也保持结实的骨干，浪漫气息最浓的黎明与落日，意大利湖畔恬静的景色，阿尔卑斯高峰的雪景，烟霭迷茫中仍旧有大自然稳重的本体。这批不可胜数的水彩画，越到他晚年，越显得如梦如幻，初视只见朦胧闪烁，一片浅绛，一片金光，但略加注意，便可看出梦境之后仍有结构，朦胧之下仍有实体。

如果忒纳的作品只限于水彩画，他的声名恐怕还要隆盛。可是他油画的进程，比较驳杂矛盾，他不能忘记格劳特、累姆布朗特、华多，以及荷兰的海洋画家。他往往有逾越规矩的作品，想画出比格劳特更神幻的建筑物，罩上更强烈的金光，写海洋的起伏、微光的隐现时，想超过梵·特·凡尔特，表现日光的颤动与热烈，又想超过华多。事实上他在这些地方的确凌驾前人，但也因此而显得剑拔弩张，渲染过分。我曾以语调譬喻忒纳的习气，在这些与人争胜的画面上，他的语调却是穷嘶极喊，一变而为假嗓了。

幸而上述的缺陷只见诸一部分的作品；最精妙的油画，其优点正与水彩画的杰作相同。两者都能于写状自然界的皮表以外，透入自然的内心。而自然界的情调，从最宁静的到最猛烈的，都被他发掘尽了。

忒纳生活淡泊，遁世逃名，一生事迹颇有神秘莫测之概。究竟他是一个放浪形骸、口味粗俗（除了艺术以外）的村野鄙夫，还是一个心地淳朴的天才，他的传记家至今无法肯定。他声名极盛，二十七岁即膺选王家画院，死后遗有大笔财产，都捐为资助清寒艺术家的基金。

忒纳意境高旷，康斯塔布尔则有局促辕下之感。忒纳不必费力，就能与造化契合。康斯塔布尔则殚精竭虑，观察自然。忒纳是一个错综复杂的人，是时代、传统、个人的意境混合的产物。康斯塔布尔却是单纯的，他随着潮流而大胆的推动潮流。他舍弃旧有的态度而努力创造新态度。他的成就是势所必至的，历史上没有他，他的新路也会有另一个艺术家来发现。这种说法并非贬抑康斯塔布尔，而是说明他是一个大发现家，第一个达到别人隐约窥见而从未明白把握的目标。

抓握事物外形而加以表达的工作，在某程度内是每个艺术家——连轻视外形最甚的勃莱克在内——关切的问题，画

228

家的幻想气质无论如何浓厚，终无法置视觉的真实性于不顾。可是康斯塔布尔的努力，几乎全部集中于这一点。他的重要，即在于他所抓握的那种真实性，以及他表达的方式。印象主义的原则与公式，固然要由下一代重视学理的法国艺术家厘定，但印象主义的基本精神，早已由康斯塔布尔奠定了。例如把握某一特殊时间的效果、飘浮的云块、突然涌现的日光、凌乱破碎的阴影，——尤其是树叶舞动之间，那种转瞬即逝、来不及分析的阳光。康斯塔布尔之前，从来没有人观察这些现象，也从来没有人把大自然看作一组片刻的、随现随灭的景色，更没有想到，光与色的幻变是风景画的主要成分。

关于康斯塔布尔，可毋庸多加申论，因为他的成就虽是独创一格，实在是简单的开辟新路的人，在当时固惊世骇俗，在后人心目中却简单明了、毫不足异。他笔致的洒脱、韵味、光彩，为后来一切印象派画家共有的手段，但康斯塔布尔是发明这些手段，使当时的批评家侧目的人。他到五十三岁，才正式入选王家画院。

他惯用纯白的颜色，表现雨后树叶上的闪光，时人称为"康斯塔布尔的雪"，而我们现在已经觉得平淡无奇。但他预备参加画会的作品，还是小心翼翼地多少改变一下风格，以迎合时行的口味。他的本来面目与革命气息，乃是在他的速写中间。特殊的气候、时间、风向，日光的强度，等等，在这些稿本中都有准确的纪录。他的大幅，当以《干草马车》与《奔马》为最著名，但《滑铁卢大桥之开放》一画上那种满载士兵的船、飘荡的旗帜、远处桥上传来礼炮的烟雾、阴晴不定的天气、完全凭笔致表达的兴奋的情调，才是灿烂夺目的印象派的前驱。对于复杂多变的外景，连莫奈也不能比这幅画捉摸得更有把握更动人。

七 华兹与拉斐尔前派

英国艺术素来不容易成就的是所谓"大气派",所谓"伟大的气魄",使无论何物一经点触都显得壮阔崇高的手法。雷诺兹运用这种气派时,似乎披上了一件华丽的外衣,局促非凡。在忒纳的风景画上,却过于矜持,仿佛表示他随时可以盛装艳服而不至于俗气。但能运用自如,好像十六世纪意大利画家一样出于自然的,英国只有华兹一人。结果是他与忒纳一样大受时人欢迎;但我觉得他们只受到他的感动,并没认识他真正的伟大。所以到了现在不重感情的时代,大家反而认为他伟大的气派未免笨重过火,不加赏识了。

然而他绝不是可以忽视的艺术家。我们的时代倘不是一个烦躁不安的时代,一定有人重新估定他的价值。他的象征与讽喻,绝对不落俗套;他是一个使徒,一个说教者,心目中只有善与恶、真与伪、上帝与财富、爱情与死亡。他对这些基本观念的严肃与热情,使他不肯接受象征的公式,——譬如以布帛蒙蔽的眼睛与天秤隐喻希望,以鸽子隐喻和平,以骷髅隐喻死亡,等等。当然,华兹的观念是偏于文学方面的,尽管他对象征的表现特具天才,仍可能流为一个庸劣的

231

艺术家，因为象征主义与美感毫无关系。然而华兹的大气派渊源深远，直接承继文艺复兴盛期的佛尼市传统。他奉铁相为导师，并且真能了解铁相，故能取其精神，遗其糟粕。如果华兹生在十六世纪中叶的佛尼市，佛尼市画派中不过多添一个小名家；生在十九世纪的英国，情形便大不相同。他最精彩的表现，能够经营人数众多的大构图，气魄雄伟，表情丰富。他为当时的名人所作的肖像，不但以高雅庄严见长，且是对各人性格的研究，——也许是一种典型的描写而非某一个人的写真（铁相的画像亦属此类），而表现的强烈紧张，使他的典型宛如某种信仰的化身。这一批名人像有威廉·莫利斯、泰尼逊、阿诺尔特、史悌芬与华兹自己的妻子，爱伦·泰利。

　　向往意大利文艺复兴的画家，还有斯悌文斯。他气质近于佛罗稜斯派，技术多于艺术，雕塑家的成分重于画家的成分，重视结构过于色彩。他当时不甚知名，到今日才被重新发现。在英国画史上，他的地位仅仅值得一提，因为他留下无数的计划而只有少数完成的作品，在雕塑方面，他是一个小规模的弥盖朗琪罗，成绩很可观。他的画只留下几幅肖像，其中的科尔曼夫人像，确是英国最精妙的画像之一。他的特点是"妩媚动人"，虽然与雷诺兹的庄严、华兹的高雅、干斯巴罗的生动比较之下，"妩媚动人"这一点似乎微不足道，但在斯悌文斯笔下，确有出人意表的成就。

上述两家之外，十九世纪中叶英国并没多少可传的作品。倘以较低的标准而言，则当时的风俗画，技巧的娴熟与情感的表现，都有可观。苏格兰画家威尔基，多以乡村生活为题材。雷斯利以莎翁名剧为题，而致意于戏剧化。弗利斯专重细节，不避繁缛。兰德西也强调感情的戏剧化，尤以画马著称。甘得斯的人像，亲切近人，近于风俗画。他为华德·司各脱所作的肖像，不愧为名作。

拉斐尔前派的创立，一方面是反抗当时浅薄空虚、秀媚甜俗的匠气，一方面是反抗华兹与斯悌文斯的模仿文艺复兴盛期的作风。但拉斐尔前派本身又是一个奇特的、为时极短的、备受误解的运动；而促成这个运动的，热情的成分尤多于反抗的成分。他们生当十九世纪四十年代，对于矫揉造作的弗利斯与兰德西一辈，仿效佛尼市末期的堂皇典雅的华兹一派，以及拉斐尔那种平易近人的笼络作风，都深致不满，想产生一批更浑厚更笃实的作品，排除那种志得意满与做作的气息。其实他们的信念并不在于消极方面，而积极的目标也极多矛盾，令人不易把握。他们固一致认为拉斐尔甜俗可厌，但究竟奉拉斐尔以前的哪个画家哪种画风为规范，又意

233

见纷歧，莫衷一是。

拉斐尔前派的艺术家虽然结成一个小规模的兄弟会，但并没提出什么主义。他们的结合并非由于共同的信仰，而是由于热烈的情绪。热情可能中途转向，或者化为乌有，也可能腐化中毒，归于消灭，或者衰微堕落，变成徒具形骸的匠气。而拉斐尔前派的热情，就是走上了这些没落的路。才华焕发的密雷，受了罕德的感应，产生五六幅气象清新的作品，用意真挚，富有文艺复兴早期探求新路的精神，但既没有它的伟大，也没有它的习气；然后为盛名所惑，逐渐流为浅薄工巧，以雅洁取胜。罕德受了密雷早期作品的影响，也有两三幅用心周至的画，但不久即趋败落，并非沦为油滑的世俗气，而是一派头巾而兼缙绅气。玛陶克斯·布朗在这一群中年事最长[1]，技巧最高，作风亦略有不同，比较有力而近于荷加斯。洛赛蒂兼有浪漫派的性情与中世纪的精神，《报知》一作，把现实世界的观察与莪特式日祷文上的插图气息糅和为一。后来他又制作许多水彩画，气氛略浓而仍不失中古风味，色彩则表情强烈，素描则极简略，终于流为萎靡憔悴、刺激感官之作，女像都是长颈倦眼，嘴唇柔媚，神情怅惘。柏恩-琼斯感染了洛赛蒂的浪漫主义与中古风味，但有意倾向于装饰方面。

拉斐尔前派是浪漫主义、复古主义的混合物，极度注意细节，甚至凄迷琐碎，不相连属。这种画派当然有许多可笑之处。早期的热情一朝冷却之后，在罕德只剩下板滞呆俗，在密雷只有浅薄的感伤，在洛赛蒂只有矫饰的习气，在柏恩-琼斯只剩下故意为之的装饰俗套。然而他们早期的热情，的确如火如荼、轰轰烈烈地燃烧过来的。这种火焰原是艺术家最基本的财产。所以一朝丧失，拉斐尔前派除了若干消极的成见之外，就毫无凭借，终于沦入肤浅之途。但在鼎盛的时期，他们也不乏精心杰构，例如罕德的《牧童》、密雷的《盲女》与《秋叶》、玛陶克斯·布朗的《向英国告别》《工作》，及其为曼彻斯特市政厅所作的壁画、洛赛蒂以但丁与马罗利的名作为题材的水彩画，都是同一熔炉的出品。在英国画史上，这朵火焰自有不可磨灭的重要性。

注释：

1　译者按：布朗并非拉斐尔前派兄弟会的会员。

八 惠斯勒与英国的印象派

康斯塔布尔播下的种子，在巴黎肥沃的土地上开花结果，展开一个灿烂的局面。玛奈与特迦、莫奈与毕萨罗，成为印象派绘画的主干，而印象派绘画又是十九世纪对欧洲文艺主潮最大的贡献。追溯本源，这个画派的远祖是西班牙的凡拉斯盖斯与英国的康斯塔布尔。印象派的人体画家，玛奈与特迦，固然属意于凡拉斯盖斯，同时也没有忘记康斯塔布尔；风景画家玛奈与毕萨罗，则受康斯塔布尔的影响，远过于凡拉斯盖斯。

印象派的内容，正如拉斐尔前派，难以一语为之界说。他们对所画的景色，要把握片刻之间的面目，故他们发明一种半科学的日光理论，又发明一种新的技巧，以实践这理论。这些理论与技巧，不在本书范围之内，我们所关心的，乃是它们对惠斯勒的影响。惠斯勒生于美国，一八五五年到巴黎。他对于片刻的效果并不感兴趣，康斯塔布尔对法国印象派的贡献，在他的画上并无痕迹可寻。一半直接一半间接（由于玛奈）感染的凡拉斯盖斯的影响，才是他作风的骨干。他特别吸收凡拉斯盖斯两种特点：一是对于色调的差别，体会到细腻入微；一是把无关紧要的枝节一律删除。这两点正是拉斐尔前派所没有的，他们喜欢细节，又完全不懂色调的作用。惠斯勒是一个反抗者，但并没有意反抗拉斐尔前派，而是反抗英国整个维多利亚朝的画风。一八六三年他定居英国时，第一件工作便是对威尔基、弗利斯、兰德西一流的感伤的叙事画宣战。他提倡"为艺术而艺术"。他为母亲作的那幅有名的肖像，故意题作《黑与灰的配合》，使惯于看重画中故事的人，不复以画题为重。

惠斯勒所受的影响，不止凡拉斯盖斯一人。日本画的印刷品方于一八五六年在巴黎出现，特殊的装饰意味，立刻为年轻的印象派画家称赏。凡拉斯盖斯已经极力减少阴影，使人体的塑造更趋于平面化。日本艺术家的简化手腕却更进一步，把阴影完全取消，素描的安排以空间为重，色彩分配尤为精妙。这种作风对惠斯勒又是一种启示。从凡拉斯盖斯学得沉着的色调与大家手法之外，他又多添了一副日本装饰趣味的范型。惠斯勒常说他的肖像画只是一种假托，作者的用意在于"块"（Masses）的配合，或色彩的和谐。他作风景画时，也念念不忘于装饰目标，甚至以《蓝色与银色的夜曲》之类命题。

这种新奇而革命的态度，当然使保守派侧目，使叛徒欢喜。从惠斯勒起，英国艺术界分为左右二派，左派后来归结

237

到"唯美运动",文学方面由王尔德代表,盛行于一八九〇
年代。惠斯勒真正的门徒或承继人并不多。仿效他的作风
的,只有格利荷斯一人,而格利荷斯的传世之作,却是与宗
师作风无关的画,例如《哈默斯密斯大桥》,对当时的艺术
界确有贡献。惠斯勒对英国画的影响,不是他自己的作品,
而是他对艺术的态度。因为他不仅是高唱革命口号的画家,
也是才气横溢、有意惊世骇俗的人。流风所及,他居住的彻
尔西区域,大有伦敦的拉丁区风味,而他个人也俨然成为传
奇人物。他所著《树敌的艺术》一书,证明他词锋锐利、辛
辣无比。威廉·莫利斯的艺术家典型,是疏懒成性、漫不经
意的一派,惠斯勒则提倡放浪形骸、沾沾自喜的那一种。自
惠斯勒以后,艺术家与俗人才有了分野,终而至于两者的距
离愈趋愈远。

惠斯勒的行动不但冒犯世人,亦且冒犯前辈中自命为权
威的鉴赏家。罗斯金激怒之下,称惠斯勒为纨绔子弟,认为
他无异把油画颜色泼在群众脸上。由此而引起的诉讼,结果
使两造都觉得大受打击。罗斯金认为自己在艺术界的独裁从
此动摇,惠斯勒则因负担讼费之故,经济上损失不赀。但这
件公案真正的后果,却是推翻了艺术嗜好的标准。艺术界的
叛徒,今后是社会公认的一种人物,在学院派以外正式成立

了一个反对党，永远有冒险家拥护。

并且有了惠斯勒，英国艺术与欧洲大陆同时代的艺术，才第一次互通声气。法国印象派的声誉日隆，英国与大陆的联系亦随之日见紧密。促成这种沟通运动的另一因素，是苏格兰与法国之间传统的文化关系。格拉斯哥画派接受惠斯勒的画风，崇尚简笔，喜用较低的色调，但尤重视装饰风味与日本气息，而不取以后印象派的自然主义。苏格兰画家中另有一个独往独来的人，玛克塔干德，轻灵的海景似乎纯出天机，不像法国印象派以逻辑推敲得来。并且他还走在他们前面。法国印象派还在摸索前路之时，他的作风已经成熟。当然他没有受惠斯勒与法国印象派的影响。可是一般没有玛克塔干德那种独立精神的，自不得不往海峡对岸去寻觅依傍。风气所趋，英国画家都到巴黎去亲炙印象派。惠斯勒的弟子西克德，后来成为特迦的信徒，把一种较为浓重而不像惠斯勒那样刻意追求的印象派画风，输入英国。

西克德死于一九四二年，已经与我们当代的画史发生关系，可见印象派对欧洲绘画的影响如何久远。当初惠斯勒的倡导，是大胆的反叛行为，今日印象派的意境与理论，已是学院派公认的程式。但西克德初露头角的时候，印象主义既不是大胆的创造，也不是学院派的公式，而仅有少数人士的拥护。为宣传起见，他们显然需要一个讲坛，这讲坛便是一八八六年成立的英国新艺术会。

英国新艺术会之于学院派，无异惠斯勒之于罗斯金。可是西克德一派有莫奈、特迦的声誉为之张目，而西氏俨然就是特迦的英国代表。会中另一主角是斯悌尔，亦侨居巴黎甚久。他早年作品完全反映巴黎影响，后来也显露自己的面目。他追随莫奈，以康斯塔布尔的方法观察自然，但色彩的明快、日光的变化，与法国印象派无异。

然而西克德不只代表特迦与惠斯勒，斯悌尔也不只代表莫奈与康斯塔布尔，两人都努力于印象主义的英国化。斯悌尔偏重纯粹英国风的题材，并且以英国艺术家特别爱好的水彩画表现印象主义。他为水彩创造了一个新的范型，形式简单达于极点，色调种类甚少，而配列与层次又极精细。

西克德的英国化，乃是以特迦风格移用于故事画。特迦难得作风俗画，在西克德则是兴趣所在，但特迦所取的日常琐碎的景象，西克德也没有放弃。他是歌咏平凡与静止的诗人。特迦以爱写动作与姿态著称，故多取材于歌剧院、洗衣作、面坊；西克德则以乡镇上的客厅与卧室为对象，尤喜写静止的人物。泰德画廊中的《无聊》，即是表现静止最成功的作品。

惠斯勒在格拉斯哥画派以外，没有多少信徒；在西克德领导之下的学人，却形成一个极为团结的小组织，弗兹洛埃街上的画室内，每星期六皆有他们的新作陈列。团体中最重要的有哥尔与纪尔曼。纪尔曼以印象派画法，参用后期印象派的色彩，得意之作兼有特迦的冷静的观察与梵·高的绚烂强烈的色彩。

一般画家从惠斯勒与西克德受到十九世纪巴黎画派的影响，另一般画家却直接表现二十世纪的精神，与欧洲大陆全无关系：前后两者递嬗的过程是渐进的、断续的。后期印象派的代表劳裘·弗拉埃，是批评家兼画家。他在文字方面的表现，比绘画的表现更有力，更婉转。但他绘画的造就也不能轻视。他因为意气相投，采取了赛尚的观点，而作品的惨淡经营，亦与赛尚无异。同时参与这种运动而艺术造诣高于弗拉埃的，有邓肯·格兰德，其色彩不及纪尔曼的绚烂，素描则更为精妙，所以格兰德于正宗画以外，也是装饰画的能手。

与这派画家有同学关系的，另有一个团体，其中的奥本，二十岁时即以一幅近于累姆布朗特作风的画享有盛名。此外尚有奥古斯多斯·约翰、李斯、因斯等。奥本不久转入工巧华丽一路，成为肤浅的肖像画名家。他最好的作品是

《纪念玛奈》，把他的朋友摩尔、斯悌尔、西克德等都画在里面。

因斯、李斯、奥古斯多斯·约翰诸人，以善作爱尔兰、威尔斯各地的小景著名，在浪漫气息极浓的景色中间，插入人物，配列巧妙，不无神秘的韵味，因斯与李斯专作小幅，约翰则有更显赫的成绩。他是折中派画家，而格调之高，全无折中派的弱点。长处尤在于生机蓬勃，虽然受到卢本斯、华多、累姆布朗特诸家的影响，也不露痕迹，而观众亦不易发觉他的作品很多得力于所画的对象之美，像洛赛蒂一样。他为当时的艺术界创造了一种女性美的典型。《微笑的妇人》与《塞琪阿夫人》是他最有力的作品，虽是肖像，而内容丰富，非普通肖像画可比。

脱胎于十九世纪传统而开创二十世纪绘画的过渡作家，为数甚多，我们在此只能略举一二：罗斯泰恩爵士以王家艺术学院院长地位予人的影响，是有裨后学的，此外有肖像画家玛克埃伏埃、普拉特、威廉·尼可逊爵士、拉佛利与皮普罗等。这一章内我们择要介绍的作家，乃是因为他们各有新颖而有意义的贡献，至于大多数奉行传统的名家，概行从略。

242

九 二十世纪

二十世纪初期欧洲绘画潮流的转变，在英国的表现较法国为迟。赛尚首先反抗印象主义，不愿集中注意于物象之外貌，不赞成追求变化不定的日光与片刻之间的姿态。这种主张在巴黎的受人了解，早于伦敦。印象主义在英国已经有了根基。英国新艺术会里面都是西克德与斯悌尔的信徒，流风所播，势力深入王家画院，至今不衰。

一九一〇年，劳裘·弗拉埃在伦敦第一次组织的后期印象派展览会，并没促起舆论界的反响，因为英国人对学说的转变不感兴趣。然而那次展览会在历史上仍有它的重要性，因为新潮流的酝酿，在艺术界是立刻感觉到的。赛尚的贡献，是最不惊人而最深远的。最早而最有力的影响，见之于皮普罗的作品。他是苏格兰派中最杰出的人才，而这一派与赛尚的关系密切，不下于格拉斯哥画派之与惠斯勒。高更偏于表达情绪的用色、简单的素描，英国画家比较容易把握。梵·高强烈的节奏，尤其令人从抄袭外形的桎梏之下，感到苏慰。

在这种刺激之下，英国画风的转变虽然迟缓，确是基本的转变。艺术家愈来愈不顾到形似，而认为艺术作品应当是形式与色彩的组织，或是某种情绪的象征。

从此艺术界分成两派，一派偏重形式，自然而然走上抽象的路；一派富于浪漫气息，尽量利用他们的自由。

我们不难指出当代的倾向，但不容易在当代艺术家中间分辨谁是仅仅反映时代精神的，谁是创造时代精神的。所以我们不能预言近三十年来的英国画家有几人可以传世，而只能列举两派的代表。

以纯粹形式为主，绝对不顾物象的形似的少数艺术家，当以般·尼可逊的态度为最彻底。他不但把物象取消，而且形式也限于一二种，大半是长方形与圆形，色彩减到最低限度，结果他的作品与感官全无作用可言。这种极端的表现，在二十世纪的英国画中极为少见。比较有意义的乃是另一种尝试，介乎形式主义与物象表现之间的风格。英国画家并没另创学说，对抗印象主义，但一九一四年时所谓"回旋主义"的运动，可说是属于这一类的反响。其中的代表当推温特姆·雷维斯与爱特华·华兹渥斯。雷维斯以素描遒劲著称，线条尖刻如铁。华兹渥斯重视细节，喜用胶水蛋白调和颜色的 Tempera，写海洋静物。劳白兹倾向于几何图式的制作，木偶式的人物构图极类机械解剖。

然而这种极端讲究形式的作品，绝不是二十世纪英国画的典型。没有成熟而早死的胡特,对第一次大战后的绘画,的确有所充实。他一生大半侨居国外,直接感染巴黎的影响。梵·高、玛蒂斯、特朗、毕加梭诸人的痕迹,在他的作品中不一而足,但另有他自己的一种天真的抒情气息。最后两年的绘画,大多写英国的海港,新颖、大胆、天真。巧妙的笔致、真挚的情调,在近人中独具一格。内容更丰富,因而更有意义的,是一般诗人画家,如从前的巴麦与式纳辈,以各各不同的方法表现自然。保尔·纳许在这方面的成就,见之于第一次大战时写西战场的混乱与悲惨的作品;后来他又致力于孤独的物象,专写树干石壁的奇形怪状。画面上特有一种灰暗的孤独情调与满目荒凉的感觉。二次大战中,他以同样的笔力,写出飞机的恐怖气息。

他的弟弟约翰·纳许,不以这种阴惨可怖的世界为对象;他为英国风景别创一格,而仍不失英国意味。他创立了一个水彩画派,其中的鲍邓与腊维留斯都是杰出的战争画家。另一个开创新路的艺术家巴柏,早年曾作抽象的构图,后来则在风景方面自成面目,以科特曼与革丁一流的素描,配以阴沉可怖的情调。

在论列当代画家时,我们不得不分成若干小组,分类的根据固不免武断,但不如此则第一次大战以来的概况,即无

245

从窥其全貌。例如霍金斯、玛昔·斯密斯、希钦斯，都可归为一派。霍金斯生于新西兰，别出心裁的用色、大胆而精妙的配合，可与佛尼市派媲美。斯密斯浓重的色彩，主要用于静物与裸体，老练的手腕更近法国作家，但淋漓酣畅之致，非当代任何法国画家可比。希钦斯力求单纯，描绘自然界极尽细腻，色彩亦明快富丽。与这种作风相对的，是赛忒兰特阴沉悲壮的画面。他的油绘与素描，都有生辣僵硬的原始意味，仿佛世界还在经历创造的苦难，不曾受到时间的洗礼。

二十世纪前半期，于规模较大的绘画最有贡献的，大概要推斯坦莱·斯宾塞。

如保尔·纳许与赛忒兰特一样，斯宾塞也创造了他独有的世界。但他的世界是人群拥塞的世界。全部作品代表一种人生哲学——并且是一个热烈的儿童以惊奇的目光看到的人生。早年作品以宗教题材为主。《复活》《基督背十字架》《最后之晚餐》等等，朴实真挚，无异彭扬所著的《朝山旅行》。后来他又为巴克郡蒲尔克利欧地方的小教堂作壁画，纪念上次大战；一方面是他个人经验的纪录，一方面写战争的苦难，以及骈肩作战的士兵在艰苦危险之中的神秘的友谊。教堂东壁上是另外一幅《复活》，在全体壁画中情绪最为紧张。

以画家而论，斯宾塞有时枯索无味、毫无风韵，以素描家而论，往往笨拙不堪，但他的恳切与真诚，常能令人忘记他的短处。他的近作是装饰墙壁的一幅横披，以克来德河畔造船的程序为题，描写人物对于工作的态度，颇有史诗意味。

本章所提及的当代画家，只以作品成熟而业已成名的为限。年轻的一辈，方在成长之中，不便预言他们的造就。并且战争使这一代的艺术家减少出品，为了艰苦的斗争，他们无暇解决美学问题，也无暇表现自己的心境。但国内不乏才智之士，一俟秩序恢复，艺术家生活复归正常的时候，其活动与成绩，必不减于我们这一代。

247

十　回顾

　　英国画从显露本土色彩起，到今日为止的历史，我们已略述梗概。在这样一个简短的叙述之后，当然无须再来一个摘要，但英国画共同的特征，不妨在此加以申引。荷加斯与蒲舍、忒纳与恩格尔皆系同时而作风悬殊，拉斐尔前派的观点，不独为当时的法国画家不了解，即在今日亦复如此，勃莱克在欧洲大陆没有一个人与之匹配，今日盛行于英国的潮流，很少受到大陆的影响，或竟绝无关系——由此可见，在这些独立发展的现象之下，必有一种坚强的民族气质，值得分析。

　　固然，英国画家颇有公开承认受到外来影响的，例如雷诺兹自命为折中派，西克德是特迦的信徒，斯悌尔为法国印象派的嫡系，斯密斯热烈的色彩完全是亲接法国所致，——但在荷加斯与斯宾塞之间，还有大批独往独来的艺术家。他们都有一个共同的因素可寻，作品都有特殊的英国意味。

　　要分析这种英国观点，当然不是简单的工作，也不是一二形容词所能概括。纯粹英国的艺术家有其长处，也有其短处。他主要的缺陷，是作画时往往没有喜悦之情，仿佛对他表情的媒介物，毫无兴趣可言。绘画的工作、颜色的敷陈、画笔与画布的接触等等，很少英国画家感到乐趣。荷加斯是例外。干斯巴罗是例外。大多数作家的画面，都有一种枯索甚至粗硬之感，与华多的珠光宝气、玛蒂斯的流畅自如，恰恰相反。画面的枯索，更促成颜色的枯索，仿佛夏尔丹或勃拉葛那种富丽的和谐，梵·高作品中如醉如狂的境界，都是英国画家不能企及的。

但这种缺陷有另一个长处来弥补。英国艺术家是素描家，倾心于纵横飞舞的线条。勃莱克时而精细、时而豪放的线，即是他作品的基础；而重描不重画的作家，多至不可胜数，勃莱克不过其中之一。在此我们应当提到亨利·摩尔。虽是雕塑家，他的素描确是表现人体极精妙的作品。他在战时防空壕内所作的速写，遒劲有力，不下于英国任何战争艺术家。并且其中即有不少作家，因为觉得色彩对于表达他们的情绪无能为力，而专走素描一路的。缪海特·布恩爵士的木炭画与铅笔画，结实有力，富于弹性，可谓一时无两。皮维克与奥勃莱·俾兹利之流，以素描家而成为书籍插画家。以技术与表情而言，英国的插画往往有登峰造极之作。

插画一词，也许可以解释一部分英国艺术史。法国绘画即使以叙述为目标，也极为谨严，而其色彩与素描，本身即有独立价值，可以单独欣赏。英国画则需要以背景为依傍。

荷加斯是画家而兼说教者、风土地形的作者，于绘图之外，兼作事实的纪录，洛赛蒂有赖于对但丁的热情，罕德乞灵于宗教，华兹不能丢开善恶。现代斯宾塞的作品，大部分应当作自传读，其难解即在于自传部分的暗晦，而不在于色彩与形式。

但英国画除了文学的或描写的成分之外，还有真情实感的诗的成分。英国艺术家决不以描写表面、描写有形世界的面目为满足。法国印象派对有形世界的关切，的确远过于拉斐尔前派。而且英国任何大作家，都不能如我们批评莫奈一般，以"徒具眼目"一语形容。英国艺术与众不同的气息，乃是重情调不重外形的浪漫主义。对于巴麦一流的作家，这种情形尤其显著。赛武兰特的浪漫气息，甚至掩没了他观察精密的优点。武纳的浪漫气息，曾经使罗斯金写了五大册《近代画家》，以证明武纳还是一个目光最深刻的艺术家。康斯塔布尔倘没有对乡土的感情，使描绘入微的风景富有诗意，则他的自然主义也无足重轻。

浪漫主义专取某一片段、某一事故、某一情调，而加以强调，重视离奇，重视细节。古典主义牺牲细节，排斥离奇，而致力于综合，从特殊中发掘普遍。这是所谓"大气派"的秘密，英国艺术家很少领悟的秘密。故雷沃那陶的

《最后之晚餐》有如一望无际、波涛汹涌的海洋，而斯丹莱·斯宾塞的《最后之晚餐》，注意砖墙上的每块砖头，仿佛微波荡漾的内湖。

古典主义虽较浪漫主义为气象雄伟，但不能即认为优于浪漫主义。英国艺术家就是凭了强烈的浪漫气息，产生了古典主义不能产生的东西。它能描写，也能表达。故近年英国画家在表现战争的领域内成就独多。勃拉葛与玛蒂斯，始终醉心于美学公式，企求形与色的和谐，英国艺术家则注意个人眼目所及的奇特的细节，发为富有诗意的作品。第一次大战时，保尔·纳许已经取炸毁的树木、炸裂的泥穴为题材。此次大战中又有不少艺术家做同样的尝试。他们搜罗琐碎而有意义的事物，如一根拳曲的梁木或防空壕中一个熟睡的女子，当作与世隔绝的物象描写。纯粹的英国画，既非自然景物的客观纪录，亦非在自然景物中汲取纯美的和谐，而是艺术家描写他与世界接触的经过。

251

附录　译名对照表
（凡本书述及之英国画家，本表内均附有生卒年代）

二画

丁托累托　　　　　　　Tintoretto

三画

干斯巴罗　　　　　　　Gainsborough（1727—1788）
大卫·司各脱　　　　　David Scott（1806—1849）
凡拉斯盖斯　　　　　　Velasquez
凡罗那　　　　　　　　Verona
凡罗纳士　　　　　　　Veronese
凡美尔　　　　　　　　Vermeer
马罗利　　　　　　　　Mallory

四画

巴麦　　　　　　　　　Palmer
巴克郡　　　　　　　　Berkshire
巴柏　　　　　　　　　Piper（1903—1992）
邓肯·格兰德　　　　　Duncan Grant（1885—1978）

五画

甘得斯　　　　　　　　Geddes（1783—1844）

布卢日	Bruges
布楞宁	Blenheim
卡尔弗特	Calvert（1799—1883）
卡曾斯	Cozens（Alexander 1717—1786）
	Cozens（J. R. 1752—1797）
卢本斯	Rubens
卢克尔	Rooker
史悌芬	Stephen（Leslie）
兰德西	Landseer（1802—1873）
汉密尔顿	Hamilton（Lady）
弗利斯	Frith（1819—1909）
弗兹洛埃（街）	Fitzroy Street
弗基	Virgil
皮维克	Bewick
皮普罗	Peploe（1871—1935）
圣·齐诺	San Zeno
圣·李葛	Saint Leger
圣·脱洛斐	St. Trophime
台维斯	Devis（Arthur）（1711—1787）
台斯	Dayes

六画

亚眠安	Amiens
西西里	Sicily
西克德	Sickert（1860—1942）
西埃那	Siena

七画

玛陶克斯·布朗	Madox Brown (1821—1893)
玛蒂斯	Matisse
坎特布里	Canterbury
劳白兹	Roberts
劳裴·弗拉埃	Roger Fry (1866—1934)
克来德	Clyde
克罗姆	Crome (1768—1821)
李斯	Lees (1885—1931)
忒纳	Turner (1775—1851)
佛尼市	Venice
佛罗棱斯	Florence
彻尔西	Chelsea
希里欧特	Hilliard (1537—1619)
希钦斯	Hitchens (1893—1979)
谷雅	Goya
亨利·摩尔	Henry Moore (1898—1986)
罕德	Hunt (1827—1910)

八画

奈勒	Kenller (1646—1723)
拉佛利	Lavery (1856—1941)
拉姆赛	Ramsay (1713—1784)
拉埃莱	Riley (1646—1691)
拉斐尔	Raphael
罗姆尼	Romney (1734—1802)
罗逊斯泰恩	Rothenstein (1872—1945)

255

罗朗特松	Rowlandson（1756—1827）
罗斯金	Ruskin（1819—1900）
彼得·特·文德	Peter De Wint
法兰特（的）或人	Flemish
弥顿斯	Mytens
弥盖朗琪罗	Michelangelo
孟尼斯	Munnings（Sir Alfred）
孟罗	Munro（Dr.）

九画

革丁	Girtin（1775—1802）
胡尔浮斯大厦	Woolworth Building
胡特	Wood（1903—1930）
柏恩·琼斯	Burne-Jones（1833—1898）
勃拉葛	Braque
勃莱克	Blake（William）（1757—1827）
威尔逊	Wilson（1714—1782）
威尔基	Wilkie（1785—1841）
威斯敏斯德	Westminster
威廉·尼可逊	William Nicholson
哈尔斯	Hals（Frans）
哈姆普吞	Hampton
哈默斯密斯	Hammersmith
科尔曼（夫人）	Collman（Mme.）
科克斯	Cox（1783—1859）
科兹	Cortes

科特曼	Cotman（1782—1842）
科普利	Copley（John Singleton）（1737—1815）
保尔·纳许	Paul Nash（1889—1946）
俄卑	Opie
洛克斐罗中心区	Rockefeller Center
洛赛蒂	Rosetti（1828—1882）

十画

泰尼逊	Tennyson
泰德画廊	Tate Gallery
都铎	Tudor
埃斯斐尔	Ileathfield
莫兰特	Morland（1763—1804）
莫利斯	Morris（1834—1896）
莫奈	Monet
莪特（式）	Gothic
荷加斯	Hogarth（1697—1764）
荷培玛	Hobbema
格劳特	Claude
格利荷斯	Greaves
格林尼治	Greenwich
格拉斯哥	Glasgow
格累谷	Greco
索发尼	Zoffany
哥尔	Gore（1878—1914）
夏尔丹	Chardin

257

夏特勒	Chartres
恩格尔	Ingres
铁相	Titian
特封郡	Devonshire
特迦	Degas
特朗	Derain
倍克	Baker
般·马歇尔	Ben Marshall（1767—1835）
般·尼可逊	Ben Nicholson（1894—1982）
拿波利	Naples
爱伦·泰利	Ellen Terry
爱德华·华兹渥斯	Edward Wadsworth（1889—1949）
高乃留斯·琼逊	Cornelius Johnson
高更	Gauguin
诺利治	Norwich
陶勃逊	Dobson（1610—1646）
桑希尔	Thornhill（1676—1734）
桑特俾	Sandby（1725—1809）

十一画

萨勤特	Sargent（1856—1925）
萨多利斯	Sartorius
萨克利	Thackeray
萨福克	Suffolk
梵·代克	Van Dyck
梵·特·凡尔特	Van der Velde

梵·高	Van Gogh
梵蒂冈	Vatican
曼彻斯特	Manchester
累姆布朗特	Rembrandt
康斯塔布尔	Constable（1776—1837）
密雷	Millais（1829—1896）
维尔敦·第普铁区	Wilton Diptych

十二画

彭杨	Bunyan
斯坦莱·斯宾塞	Stanley Spencer（1891—1959）
斯威顿堡	Swedenborg
斯悌文斯	Stevens（1817—1875）
斯悌尔	Steer
斯塔布斯	Stubbs（1725—1806）
斯彭瑟	Spenser
惠斯勒	Whistler（1834—1903）
奥古斯多斯·约翰	Augustus John（1878—1961）
奥本	Orpen（1878—1931）
奥勃莱·俾兹利	Aubrey Beardsley（1872—1898）
腊维留斯	Ravilious（1903—1942）
普拉特	Pryde（1896—1941）
温特姆·雷维斯	Wyndham Lewis（1882—1957）
渥兹渥斯	Wordsworth

十三画

蒲尔克利欧	Burghclere
蒲舍	Boucher
蒙累阿雷	Monreale
雷本	Raeburn（1756—1823）
雷里	Lely（1618—1680）
雷沃那陶	Leonardo（da Vinci）
雷诺阿	Renoir
雷诺兹	Reynolds（1723—1792）
雷斯利	Leslie
鲍邓	Bawden（1903—1989）
鲍悌彻梨	Botticelli
塞琪阿	Suggia（Mme.）
福斯忒	Foster

十四画

赫利克	Herrick
赫林	Herring
赫恩	Hearne
赛忒兰特	Sutherland（1903—1980）
赛尚	Cézanne
缪海特·布恩	Muirhead Bone（1876—1953）

十六画

霍尔朋	Holbein
霍金斯	Hodgkins（1869—1947）

图书在版编目 (CIP) 数据

　傅雷译作选 / 傅雷译；许钧编 . —北京：商务印
书馆，2020
　（故译新编）
　ISBN 978-7-100-18436-6

　Ⅰ . ①傅… Ⅱ . ①傅… ②许… Ⅲ . ①中篇小说—法
国—现代②贝多芬 (Beethoven, ludwig van 1770–1827)
—传记③绘画史—英国 Ⅳ . ① I565.45 ② K835.165.76
③ J209.561

　中国版本图书馆 CIP 数据核字（2020）第 070820 号

故译新编

傅雷译作选

傅　雷　译

许　钧　编

商 务 印 书 馆 出 版
（北京王府井大街 36 号　邮政编码 100710）
商 务 印 书 馆 发 行
上海雅昌艺术印刷有限公司印刷
ISBN　978-7-100-18436-6

2020 年 7 月第 1 版　　　　开本 787×1092　1/32
2020 年 7 月第 1 次印刷　　印张 8¾

定价：48.00 元